6080

THÉORIE GÉNÉRALE

DES

DROITS DES PEUPLES

ET DES GOUVERNEMENS,

APPLIQUÉE A LA RÉVOLUTION DE JUILLET.

PARIS. — IMPRIMERIE-LIBRAIRIE DE G.-A. DENTU,
RUE D'ERFURTH, N° 1 BIS.

THÉORIE GÉNÉRALE

DES DROITS

DES PEUPLES

ET

DES GOUVERNEMENS,

APPLIQUÉE

A LA RÉVOLUTION DE JUILLET.

PAR M. COTTU,

conseiller réputé démissionnaire à la Cour royale de Paris.

Jerusalem! Jerusalem! convertere ad
Dominum Deum tuum.

A PARIS,

CHEZ G.-A. DENTU, IMPRIMEUR-LIBRAIRE,

rue d'Erfurth, n° 1 *bis;*

ET PALAIS-ROYAL, GALERIE D'ORLÉANS, n° 13.

1832.

TABLE

DES MATIÈRES CONTENUES DANS CET OUVRAGE.

PREMIÈRE PARTIE.

LIVRE PREMIER.

DE L'ÉTABLISSEMENT DE L'ÉTAT DE SOCIÉTÉ.

LIVRE IV.

DE LA MONARCHIE REPRÉSENTATIVE.

DEUXIÈME PARTIE.

—

LIVRE PREMIER.

DE LA RÉVOLUTION DE JUILLET.

LIVRE II.

DE LA MANIÈRE D'ÉTABLIR EN FRANCE LA MONARCHIE REPRÉSENTATIVE.

FIN DE LA TABLE.

Avis de l'Éditeur.

L'avide curiosité du public pour la lecture de tous les écrits qui ont rapport à notre politique intérieure, la multiplicité de ces écrits et la diversité des systèmes qui y sont établis et soutenus avec tous les moyens que peuvent prêter aux passions ou à la bonne foi égarée la séduction des talens et les ressources de la logique, exposent la jeunesse à saisir comme vérités des erreurs dont le danger est d'autant plus redoutable, qu'il menace et l'ordre public et l'existence privée.

Je n'ai donc pas pu douter de l'approbation générale, lorsque je me suis chargé de l'impression de l'ouvrage d'un publiciste honorablement connu, qui, en traitant *des droits respectifs des peuples et des gouvernemens,* offre à cette jeunesse studieuse, espoir de notre avenir, une boussole à l'aide de laquelle elle pourra éviter les écueils que sèment journellement sur sa route les faiseurs d'utopies.

AVANT-PROPOS.

Dans un moment où toutes les opinions se réunissent pour demander un congrès national qui fixe les destinées de la France, il doit être permis à chaque citoyen d'expliquer librement comment il entend la liberté. C'est ce que j'ai fait dans cet ouvrage. Je le livre à la méditation des gens de bien, et surtout à celle des hommes qui seront incessamment appelés à réviser ou à changer la Charte du 7 août.

Lausanne, le 10 février 1832.

COTTU.

INTRODUCTION.

On ne peut plus aujourd'hui présenter aux peuples un système quelconque de gouvernement, sans remonter au but dans lequel l'homme a été créé. Aucune idée commune ne rallie plus les esprits ni sur l'origine ni sur la destination du pouvoir. Arrachés à toutes leurs croyances par la philosophie moderne, les peuples ont été ramenés jusqu'à leur berceau. On a replacé l'homme au commencement des choses ; on l'a suivi pas à pas dans l'exercice des facultés qu'il avait reçues de la nature ; et des résultats qu'elles ont produits, on a fait dériver, en faveur des peuples, certains droits généraux qu'on prétend leur appartenir d'une manière absolue et ne pouvoir être prescrits contre eux par aucun laps de temps.

Livrons-nous donc au même examen, pour détruire les

systèmes menteurs qu'on a bâtis sur l'état de nature. Remontons, puisqu'il le faut, jusqu'au premier usage que l'homme a dû faire de sa liberté, et cherchons, dans ses facultés mises en mouvement par ses passions, sous quelles conditions les premières sociétés ont dû se former, et sous quelles conditions aussi les vieilles sociétés peuvent se maintenir.

THEORIE GÉNÉRALE

DES

DROITS DES PEUPLES

ET DES GOUVERNEMENS,

APPLIQUÉE A LA RÉVOLUTION DE JUILLET.

PREMIÈRE PARTIE.

Le pire des Etats, c'est l'Etat populaire.

———

LIVRÈ PREMIER.

DE L'ÉTABLISSEMENT DE L'ÉTAT DE SOCIÉTÉ.

———

CHAPITRE PREMIER.

De la destination naturelle de l'homme.

Les peuples n'ont pas toujours été tourmentés, comme ils le sont aujourd'hui, de cet esprit d'orgueil et de curiosité qui veut connaître le principe de tout, et qui interroge chaque effet sur la cause qui l'a produit. Long-temps ils se sont contentés de prendre les choses au point où leurs pères les avaient laissées, s'étudiant à améliorer successivement leur condition, sans se croire obligés, pour adoucir la rudesse de leurs premières lois, de remonter à l'origine du monde.

Pénétrés d'admiration et de reconnaissance à la vue des biens que la Providence a si libéralement répandus sur la terre, les peuples aimaient à lui attribuer encore les bienfaits de l'ordre social ; et presque tous, dans ces temps de candeur, placèrent au ciel la source du pouvoir. *Toute puissance vient de Dieu,* a été long-temps la croyance politique du monde entier, comme elle est encore celle des nations de l'Orient.

De cette manière d'envisager le pouvoir, il résultait que le but de tout gouvernement était de faire observer la loi de Dieu ; et comme cette loi, quelle qu'elle fût, imposait aux hommes des devoirs réciproques, il s'ensuivait que rois et peuples avaient une règle certaine où ils trouvaient la mesure de leurs droits et de leurs obligations.

Il n'en est plus de même aujourd'hui ; non seulement les sociétés ont cessé de croire à l'intervention de Dieu dans l'établissement des gouvernemens, mais elles ne veulent plus même reconnaître aucune religion, ni par conséquent aucun devoir résultant de la loi de Dieu. Admettons donc avec le siècle cette sèche et désolante doctrine; tenons comme lui pour constant que l'homme, après sa création, a été entièrement livré à lui-même; et puisque c'est uniquement dans la loi de son organisation que les philosophes et les législateurs prétendent devoir chercher les droits respectifs des peuples et des gouvernemens, voyons ce que la nature toute seule a réellement statué, tant à l'égard des hommes pris individuellement, qu'à l'égard des hommes réunis en état de société.

Lorsque Dieu a créé un être quelconque, et lui a donné des facultés, il lui a donné le droit de les exercer. Il a des pieds, il marche; il a des yeux, il voit; il a des serres, des dents, des griffes; pourquoi ne lui serait-il pas permis de s'en servir pour déchirer et pour dévorer?

Si ce droit est la conséquence naturelle des facultés attribuées aux diverses espèces d'animaux, combien ce même droit ne paraît-il pas encore plus évident et plus incontestable, lorsque l'on considère que tous les animaux ont été soumis à des besoins rigoureux qu'ils ne peuvent satisfaire qu'au moyen de leurs facultés?

Aussi ne voyons-nous jamais aucun animal hésiter à faire usage des facultés qu'il a reçues de la nature; tous s'élancent, au contraire, jusqu'à la limite de leur puissance physique ou intellectuelle, sans que jamais leurs actes, quelque cruels qu'ils soient, nous inspirent la moindre horreur.

L'homme serait-il donc le seul être excepté de la règle générale? et lorsqu'il tient de la faveur spéciale de la Providence des facultés plus parfaites que celles d'aucune autre créature, ne les aurait-il reçues que sous la condition inexplicable de les laisser inutiles, et de lutter continuellement contre les sollicitations de l'instinct particulier qui le porte à en faire usage?

Il est impossible de le penser, soit que l'on songe à ce que cette restriction aurait en elle-même d'injuste et de cruel, soit que l'on considère à quel point elle serait contraire à l'ordre général de la création.

Il faut en effet le reconnaître, les besoins de l'homme et des animaux ne leur ont point été départis au hasard, ou dans le but unique de leur ouvrir une source de jouissances et de douleurs; ils leur ont été imposés dans un dessein plus vaste, et c'est sur les effets qu'ils doivent produire que repose principalement tout le système de l'univers.

Lorsque Dieu eut tiré le monde du chaos, et l'eut animé de son souffle, il voulut que le monde pût marcher affranchi de la puissance de son Créateur, et qu'il renfermât en lui-même les élémens de sa conservation. Il déposa donc dans son sein une telle puissance de vie, qu'aucune des choses créées ne pût jamais être anéantie, et le soumit en même temps à une action de destruction si vive et si constante, qu'aucune des choses créées ne pût s'étendre ni se multiplier au-delà des limites fixées à son développement.

C'est dans ce but que les animaux et les plantes ont été rendus accessibles à la maligne influence de certains accidens physiques, et livrés en outre à l'action dévorante du temps. Mais comme ces deux causes de destruction n'étaient point encore suffisantes pour balancer l'activité de leurs facultés productives, chaque animal reçut en naissant, avec la mission de propager son espèce, celle de détruire encore certaines autres espèces d'animaux ou de plantes ; et c'est ainsi que, dans les différens règnes de la nature, l'action destructive se trouvant partout égale à l'action génératrice, les diverses espèces d'animaux et de plantes se maintiennent dans le rapport où elles ont été destinées à se trouver.

L'homme n'a point été placé dans un ordre

de choses diffèrent; et en recevant, comme les animaux, la faculté de propager son espèce à l'infini, il a été soumis à la même loi de destruction. Mais comme il devait trouver dans la supériorité de sa nature la faculté de se soustraire à la puissance destructive conférée contre lui aux autres animaux, il a fallu qu'appelé comme eux à exercer cette puissance sur certaines parties de la création, il reçût de la nature le droit et le besoin de l'exercer aussi contre sa propre espèce. Il a donc été chargé de se détruire lui-même; et à défaut de la faim, qui est le moyen général que la Providence a employé vis-à-vis des autres animaux pour mettre en mouvement leurs facultés destructives, l'orgueil a été placé dans le cœur de l'homme, comme l'aiguillon le plus propre à le précipiter sur son semblable (1).

Il est impossible de méconnaître cette mission

---

(1) « La rage de la domination étant innée dans l'homme, « a dit M. de Maistre, la rage de la faire sentir n'est peut- « être pas moins naturelle. » (*Du Pape*, liv. 2, chap. 7.)

« L'esprit de domination, dit aussi M. de Bonald, est « le caractère propre et spécial, et comme le cachet de « l'homme dominateur de la terre, et de l'homme de tous « les âges, de tous les sexes, de toutes les conditions. L'or- « gueil ou l'esprit de domination se mêle aux jeux de l'en-

spéciale de l'homme contre l'homme. Elle se manifeste non seulement par l'ardeur de chaque
homme à établir sur les autres sa domination,
mais plus encore peut-être par la résistance obstinée du faible contre le fort, résistance particulière à l'espèce humaine, et qui provient bien
moins du désir éprouvé par le faible de se maintenir en possession de l'objet contesté, que de la
honte qu'il ressent de se voir contraint d'avouer
un maître. Il semble que la nature ait craint que
la victime ne se dérobât aux coups du meurtrier,
et qu'en la douant de courage elle ait voulu l'attacher à la place où elle devait succomber.

Enfin cette redoutable destination de l'homme
se manifeste par l'affreux plaisir que lui fait l'ef-
fusion du sang.

« Le peuple, paisible dans ses foyers, dit La
« Bruyère, le peuple au milieu des siens et dans
« le sein d'une grande ville où il n'a rien à
« craindre ni pour ses biens ni pour sa vie, res-

« sance comme aux plus sérieuses combinaisons de la po-
« litique, et l'enfant qui n'est pas encore homme veut do-
« miner sur ses compagnons..... *Vous serez des dieux*,
« dit aux premiers hommes, a fait la première révolu-
« tion ; *vous serez des rois*, dit aux hommes de nos jours,
« a fait la dernière. » (*Réflexions sur le Mémoire à con-
sulter de M. de Montlosier. 1826.)

« pire le feu et le sang, s'occupe de guerres,
« de ruines, d'embrasemens et de massacres ;
« souffre impatiemment que des armées qui tien-
« nent la campagne ne viennent point à se ren-
« contrer ; ou, si elles sont une fois en présence,
« qu'elles ne combattent point ; ou, si elles se mê-
« lent, que le combat ne soit pas sanglant, et qu'il
« y ait moins de dix mille hommes sur la place. »

Où court cette foule empressée, hommes, femmes, enfans, vieillards ? Quel espoir les entraîne
tous avec une égale ardeur ?.... Ils vont recueillir
sur les traits d'un malheureux les dernières an-
goisses de la vie, livrée dans toute sa force et
toute sa plénitude aux horreurs de la mort.

Quels hommes sont célébrés dans les chants
des sauvages, dans ceux des peuples barbares,
dans ceux mêmes des nations civilisées? Sont-ce
les bienfaiteurs de l'humanité, les inventeurs des
arts utiles? Non. Ce sont les hommes forts, les
hommes qui tuent.

Comment ne pas reconnaître dans cet amour
du sang, dont les mœurs les plus douces ne peuvent triompher, un instinct naturel à l'homme,
et qui lui a été donné pour le rendre propre au
terrible ministère qu'il est appelé à remplir?

Aussi arrive-t-il des temps où l'espèce humaine
tout entière semble être saisie du démon de la

destruction. On croirait qu'un vent de mort s'est élevé tout à coup sur la surface du globe, soufflant en tous lieux la haine de l'ordre et du repos. L'autorité tombe partout dans un mépris général. Les travaux paisibles, les soins domestiques, le doux aspect de la nature, l'amour lui-même, perdent leur empire et leurs charmes. Les cœurs se sentent remplis de la soif du carnage, qu'ils se déguisent sous le nom de gloire et de patriotisme. Les peuples s'élancent avec furie les uns contre les autres, les citoyens contre les citoyens. Ministres implacables d'une implacable loi, ils se cherchent et se poursuivent partout. Les élémens déchaînés, les obstacles les plus menaçans, ne peuvent suspendre leur acharnement; et ce n'est qu'après une longue série de meurtres, et lorsque la terre, abreuvée de sang, est, pour ainsi dire, allégée du poids qui la surchargeait, que l'esprit de société recouvre insensiblement son influence, et que les peuples, honteux de leurs fureurs, rentrent enfin dans les voies de la civilisation.

Mais n'anticipons pas sur les effets que produit dans l'état de société l'esprit de domination qui a été donné à l'homme; et voyons comment cet esprit a dû agir sur lui quand il était encore dans l'état de nature.

CHAPITRE II.

Des premières conditions de l'état de société.

Destinés à s'imposer mutuellement la loi, les hommes eussent vécu dans un état de guerre perpétuelle, si les forts, en opprimant les faibles, avaient pu se mettre entièrement à l'abri de leurs atteintes.

Mais comme le plus fort pouvait se trouver surpris par le plus faible, ou que plusieurs faibles pouvaient se réunir contre un fort, il devint également avantageux aux forts et aux faibles de faire cesser les dangers auxquels ils étaient exposés dans l'état de nature, et d'établir un ordre de choses qui garantît également la vie de chacun.

Néanmoins, comme l'état de société ne convenait aux uns et aux autres que dans une proportion d'intérêt différente, et que les forts avaient sur les faibles un avantage incontestable, les premiers n'ont dû évidemment consentir à substituer l'état social à l'état de nature, que sous la condition expresse qu'ils jouiraient, dans le nouvel ordre de choses, de priviléges équivalens à la supériorité qui leur était acquise dans l'ordre primitif.

Jamais, sans cette condition, il n'y aurait eu de société possible, et la prétention à l'égalité des avantages politiques eût été de la part des faibles une véritable extravagance.

La puissance des forts était en effet quelque chose de trop positif pour qu'on pût exiger d'eux qu'ils y renonçassent gratuitement. Investis d'une supériorité toujours présente dans l'action, supériorité que les faibles ne pouvaient balancer que par un concert difficile et souvent impossible à former, les forts se trouvaient placés vis-à-vis des faibles dans la position d'Horace vis-à-vis des trois Curiaces, et les tenaient sous la crainte continuelle d'une attaque séparée. C'était là un privilége immense, un privilége acquis, dont il fallait que la société leur tînt compte; car rien de ce qui a une valeur réelle ne peut être abandonné sans compensation. La générosité est bonne dans les livres, la nature ne la connaît pas.

Ainsi les premières conditions de la réunion des hommes en état de société ont été : 1° la renonciation expresse au droit de la force de la part de chacun des membres de la société; et 2° l'établissement de certains priviléges politiques en faveur de ceux des membres de la société qui, dans l'état de nature, avaient un avantage marqué sur les autres hommes.

Examinons successivement les conséquences de ces deux conditions.

~~~~~~

CHAPITRE III.

De l'extension donnée à la renonciation au droit
de la force.

A peine les hommes furent-ils réunis en état
de société, qu'un nouveau besoin se fit généralement sentir : celui du respect pour la propriété.
Chacun, livré aux travaux qu'il s'était choisis,
et dont il devait tirer sa subsistance, avait intérêt que le produit de ses sueurs fût à l'abri de la
violence, et considéré comme une chose sacrée.

Mais il n'en fut pas de cette convention comme
de celle qui avait pour objet le respect pour la
vie des membres de la communauté, parce qu'il
y avait cette différence entre le but de ces deux
conventions, que tous les citoyens avaient également leur vie à préserver des atteintes qui la
menaçaient, et que tous n'avaient pas une même
quotité de biens à préserver du pillage. Les uns
~~~~~~

avaient plus, les autres avaient moins, un grand nombre n'avaient rien du tout, et ces derniers ne recevaient aucun avantage en compensation de la renonciation qu'ils faisaient au droit de la force sur la propriété d'autrui.

Aussi la convention relative au respect de la propriété ne se grava-t-elle pas aussi profondément dans les esprits que la convention relative à la sûreté des personnes. La première devint pour tous un complément de la loi naturelle; la seconde resta une simple convention sociale. Le voleur encourut le mépris public; l'assassin souleva l'indignation générale.

~~~~~~

CHAPITRE IV.

Des conséquences morales de la renonciation au droit
de la force.

En renonçant au droit de la force, l'homme a
revêtu, pour ainsi dire, une nouvelle nature, et
s'est donné un nouvel instinct. A l'homme brutal, et soumis uniquement à la loi de son organisation physique, a succédé tout à coup l'homme
moral, soumis à ses engagemens et comprimé, par
la force de ces mêmes engagemens, dans l'exercice de sa force naturelle.

Alors est née la distinction du bien et du mal,
celle du juste et de l'injuste, et, pour la première
fois, l'homme s'est trouvé en présence du devoir.
Son âme n'est plus restée seulement accessible
au plaisir et à la douleur; elle a connu le poids
du crime et les nobles élans de la vertu.

Il est évident que dans l'ordre de la nature,
~~~~~~

l'homme ne devait rien qu'à lui-même, et que l'intérêt de son bien-être était et devait être le but de toutes ses actions. Ce principe si célèbre, et que l'antiquité regardait comme renfermant toute la morale : « *Ne fais pas à autrui ce que tu ne voudrais pas qu'on te fît,* » ne pouvait recevoir alors aucune application. Celui-là se serait en effet voué à une mort certaine, qui, exposé lui-même à la violence des plus forts, se fût fait scrupule de reporter sur les faibles les mauvais traitemens qu'il aurait essuyés. Mais dès que l'homme, dans son intérêt particulier, eut librement abdiqué son droit naturel sur la vie et les biens de son semblable ; dès qu'il eut consenti à faire partie d'une communauté où sa vie et ses biens devaient être respectés, sous l'engagement, par lui contracté, de respecter la vie et les biens des autres membres de l'association, dès lors il est devenu l'esclave de sa foi, et n'a pu, sans crime, faire usage contre ses concitoyens de la supériorité de sa force naturelle.

En se rappelant ce que nous avons dit plus haut de la destination spéciale de l'homme, on serait senté d'en conclure que sa renonciation au droit de la force est opposée au vœu de la Providence, et qu'il y a contradiction entre l'état de la société et la mission que l'homme a reçue contre l'homme. Mais cette contradiction n'est qu'apparente, et trouve son explication dans l'instinct de conservation que la nature a donné à tous les animaux, en même temps qu'elle les a destinés à être la proie les uns des autres. Si la Providence a pris soin d'armer elle-même les races faibles contre les races fortes, à la voracité desquelles elle les a cependant livrées, qu'y a-t-il de surprenant qu'elle ait inspiré à l'homme la pensée de se protéger contre l'homme par l'état de société? Les hommes s'en détruisent-ils moins parce qu'ils se détruisent un peu moins vîte?

Mais si, en vue de leur conservation, les hommes ont renoncé au droit de la force d'individu à individu, il n'en a pas été de même de l'individu à la société, ni surtout de peuple à peuple. Tout est resté à cet égard dans l'ordre primitif : c'est-à-dire soumis à l'empire de la force.

Voici la raison de cette différence.

<hr>

CHAPITRE V.

De la nature des priviléges sociaux, et des rapports
de peuple à peuple.

La renonciation au droit de la force, d'individu à individu, étant fondée sur l'avantage évident que les hommes avaient tous, autant les
forts que les faibles, à mettre leur vie et leurs
biens en sûreté, et cet avantage étant un avantage qui devait subsister dans tous les temps, la
convention qu'ils ont consentie à cet égard a dû
être aussi à leurs yeux une convention de tous
les temps, une convention sincère et à l'abri de
toute restriction secrète.

Mais il n'en a pu être ainsi des priviléges sociaux établis en faveur des forts.

Ces priviléges n'ayant pas été institués dans
un intérêt commun et permanent, mais seulement en vue d'offrir des compensations à la supé-

riorité actuelle de certains hommes, il a dû être sous-entendu par les faibles que ces priviléges ne subsisteraient qu'autant que ceux qui en étaient l'objet continueraient de fait à être les plus forts.

Et de leur côté les forts, en acceptant un certain nombre de priviléges déterminés comme étant la représentation de leur puissance actuelle, n'ont pas dû renoncer au droit d'en exiger de nouveaux, si cette puissance venait à augmenter par la suite, puisqu'alors leurs premiers priviléges auraient cessé d'être la représentation exacte de leur supériorité naturelle.

Ainsi, à la différence de la convention relative à la renonciation au droit de la force d'individu à individu, convention qui a été considérée par toutes les parties comme irrévocable, la convention relative à l'établissement des priviléges sociaux n'a été considérée, par les mêmes parties, que comme une convention purement transitoire et soumise à l'évènement de la diminution ou de l'augmentation des forces respectives entre les forts et les faibles.

Il suit de là que tous les gouvernemens établis dans le monde n'étant autre chose que la réalisation et l'exercice régulier des priviléges accordés aux forts par les faibles, chaque citoyen, tout en demeurant obligé à respecter la vie et les biens de ses concitoyens, est resté le maître, dans l'ordre de la nature, d'attaquer, à ses risques et périls, les priviléges existans dans la société dont il fait partie, c'est-à-dire la forme du gouvernement de son pays.

On en peut dire autant des rapports de peuple à peuple.

Ces rapports n'ayant pu être fondés sur des intérêts semblables et permanens, parce qu'il n'y a pas de peuples qui puissent toujours avoir les uns contre les autres les mêmes moyens de se nuire, mais ayant été fondés seulement sur des intérêts passagers et relatifs, il en résulte que ces rapports ne doivent durer qu'autant que ces intérêts continuent de subsister; car il n'y a pas plus de raison pour qu'un peuple renonce à l'avantage de sa force vis-à-vis d'un autre peuple, qu'un homme vis-à-vis d'un autre homme.

Ainsi, et toujours *dans l'ordre de la nature,* un peuple n'a d'autre motif à donner à un autre peuple pour rompre les traités qui l'unissent à lui, sinon que telle est sa volonté, et qu'il se croit en état d'exiger des conditions plus avantageuses. Il peut, voilà son droit.

Ces vérités sont si généralement senties, que dans nos sociétés modernes, sociétés toutes morales, d'où le droit de la force est généralement banni, et où le respect pour les pouvoirs établis dans l'Etat n'est pas moins religieusement prescrit aux citoyens que le respect pour les personnes et pour les propriétés, jamais les gouvernemens n'ont pu parvenir à appeler sur la révolte et l'ambition un véritable déshonneur. Il n'y a jamais eu et il n'y aura jamais de crimes réels, aux yeux de la simple raison, que les actes qui portent atteinte à la sûreté des personnes et des propriétés, parce que ces actes portent seuls atteinte *à des intérêts généraux et permanens*. Quant à ceux qui ont pour but de changer la forme ou seulement la direction des gouvernemens établis, il n'est personne qui n'y voie, dans le secret de sa conscience, l'exercice d'un droit légitime; et telle est même l'indulgence avec laquelle ils sont considérés, que, de quelques circonstances odieuses qu'ils soient d'ailleurs environnés, ils trouvent encore accès à la pitié, pourvu qu'ils soient dépouillés de tout intérêt personnel. Les grandes vertus d'Henri IV sont toujours vivantes dans les cœurs; qui peut cependant se défendre, pour l'impassible courage de Ravaillac, de quelque chose qui ressemble à ce qu'inspire le généreux dévouement de Scévola?

Aussi, tandis que la société accueille presque

toujours avec intérêt, quelquefois même avec admiration, le conspirateur qui a eu l'adresse d'échapper à la juste vengeance du pouvoir, voyez avec quelle horreur elle repousse le voleur ou le meurtrier que la faiblesse du juge ou le défaut de preuves a rejeté dans son sein : tant chacun est *naturellement* porté à croire que la morale n'existe que d'individu à individu, et qu'au-delà des rapports privés, tout est resté soumis à l'empire de la force !

Est-il calamité comparable à cette longue série de malheurs qu'un conquérant attire sur son pays ? Et cependant lorsque, trahi par la fortune, il tombe enfin lui-même sur des monceaux de cadavres, loin que sa chute excite parmi ses victimes des transports de joie et de reconnaissance ; loin que les peuples s'en applaudissent comme d'un volcan éteint, d'une peste disparue, peu s'en faut qu'ils n'en fassent un crime à leurs libérateurs. Le grand homme frappé est la seule chose qui les touche, et, tout éblouis encore de son éclat, ils vont verser des pleurs sur la tombe du *fléau de Dieu*.

CHAPITRE VI.

De l'établissement de la peine de mort
comme conséquence de la renonciation au droit de la force
et de l'établissement des priviléges sociaux.

Tout homme, dans l'état de nature, avait un droit illimité à la vie de tout autre homme : il pouvait le mettre à mort sans autre motif que son intérêt; à bien plus forte raison lorsqu'il avait à craindre d'être l'objet de ses attaques.

Quand les hommes se furent réunis en état de société, chacun résigna ce droit entre les mains de la communauté, et reçut en échange la promesse solennelle que sa vie serait respectée des autres membres de la société. Chaque citoyen n'a donc droit à la garantie de sa vie qu'en vertu de la renonciation qu'il a faite au droit d'attenter à la vie de ses concitoyens; et, lorsqu'au mépris de sa foi, il s'est replacé vis-à-vis d'eux dans le droit naturel, chacun d'eux se trouve à son tour placé dans le même droit vis-à-vis de lui. Dès lors tout citoyen, et par conséquent la société qui les représente tous, a le droit de lui ôter la vie; et lorsqu'elle lui inflige une moindre peine, ce n'est pas justice qu'elle lui fait, c'est grâce.

Il en est tout autrement en matière politique. La convention relative aux priviléges accordés aux forts n'ayant jamais constitué entre les forts et les faibles, ou en d'autres termes entre les gouvernans et les gouvernés, qu'une convention simplement transitoire, et dépendante de la proportion éventuelle de leurs forces respectives, il s'ensuit qu'en se renfermant dans les termes de la loi naturelle, les gouvernans et les gouvernés sont restés en état de guerre les uns contre les autres, et que, lorsque ces derniers se révoltent contre le pouvoir, leur révolte ne doit pas être considérée positivement comme une violation de la foi jurée, mais plutôt comme une expérience tendant à vérifier si la force se trouve encore placée là où elle l'était à l'époque de l'établissement du gouvernement.

Je ne veux pas dire toutefois que la peine de mort infligée aux révoltés doive être considérée comme un acte de tyrannie; je dis seulement qu'elle n'est pas une peine qu'ils aient encourue d'une manière absolue, et qu'elle n'est que la conséquence du droit de légitime défense qui appartient aux forts, attaqués dans les priviléges dont ils sont en possession. Les forts n'en doivent donc faire l'application aux révoltés qu'avec la plus grande réserve, et qu'autant seulement qu'il leur est nécessaire de prouver au peuple que la force n'a point changé de main.

CHAPITRE VII.

Des conséquences des principes ci-dessus établis,
par rapport aux droits politiques des peuples.

Puisque les hommes ont reçu de la nature le
droit de faire un libre et entier usage de leurs
facultés, et que, loin que la Providence ait attaché un sentiment de répugnance à ce qu'ils les
exerçassent les uns contre les autres, elle leur a,
au contraire, inspiré le désir de les employer à
établir leur domination, il en faut conclure que,
dans l'ordre de la nature, le faible n'a aucun
droit à opposer contre les prétentions du fort, si
ce n'est le droit qui résulte de l'engagement contracté par ce dernier de respecter sa vie.

Il en est des peuples vis-à-vis de leurs gouvernemens, comme des faibles vis-à-vis des forts,
parce que tout gouvernement est le résultat de la
force, ou, ce qui revient au même, la conquête
du génie ayant mis en mouvement la force ma-

térielle et l'ayant fait servir à lui assurer le pouvoir à lui-même.

C'est donc en vain que les peuples excipent
contre leurs princes de certains droits imprescriptibles qu'ils prétendent tenir de la nature ;
ces droits n'ont jamais existé. *L'homme est né
esclave de l'homme,* et le peuple de ses chefs (1).
La force seule peut soustraire l'homme à l'homme ;
la force seule peut soustraire le peuple au despotisme de son gouvernement.

Aussi les premiers gouvernemens, les gouvernemens les plus voisins de la formation des sociétés, et par conséquent les plus près de la nature, n'ont-ils connu d'autres bornes à leurs excès
que la patience même de leurs sujets. Ils ont pesé
sur ces malheureux de tout le poids de leur puissance ; ils ont exigé des peuples tout ce qui n'é-
tait pas pour eux plus insupportable que la mort.

Que nous présentent les fastes des nations
barbares, quand elles se sont précipitées sur l'empire romain ? Quelle forme de société ont-elles

(1) Cela est si vrai, que, lorsque par des considérations
que nous allons expliquer plus bas, les peuples eurent obtenu certains droits politiques, ces droits furent appelés
du nom de *franchises,* comme pour exprimer qu'ils
étaient un *affranchissement* du pouvoir absolu, qui *appartient naturellement au gouvernement.*

établie ? Les débris en sont encore sous nos yeux. Elles ont dénié aux vaincus tout autre droit que celui de vivre ; elles les ont enchaînés à la volonté absolue d'un maître ; elles les ont constitués partie intégrante de sa terre, comme son bœuf et ses troupeaux.

Tel est l'ordre social que la nature nous a fait ; ordre terrible, ordre impitoyable, dans lequel l'espèce humaine eût vécu rare et éparse sur la terre, exposée à tous les malheurs d'une violence sans frein, si la religion ne lui avait créé une autre destinée. Dans cet ordre brutal, aucun individu n'a de droits que ceux qu'il tient de sa force physique ou intellectuelle ; c'est un combat sans relâche entre le fort qui opprime et le faible qui tente chaque jour un nouvel essai de ses forces, non pas seulement pour cesser d'être opprimé, mais pour opprimer à son tour. Aucun rapport n'existe, déterminé par une loi fixe, entre le prince et ses sujets ; l'un n'a pas plus de droit à l'obéissance des peuples que ceux-ci à la liberté ; leur position respective est un fait que la force a produit et que la force seule maintient.

La réciprocité naturelle des avantages sociaux, appliquée à tout autre objet qu'à la sûreté des personnes et des propriétés, est un mot inventé par l'impuissance des faibles ; c'est l'expression d'une prétention insensée à l'égalité dans un ordre de choses dont l'inégalité fait l'essence. La nature ne connaît pas ce niveau dont certains philosophes cherchent à lui faire honneur : elle a jeté au hasard la beauté, la santé, l'esprit, la force, de même que toutes les infirmités de l'esprit et du corps; tant mieux pour ceux sur qui ses faveurs sont tombées : c'est à eux que le monde appartient; les autres ne sont nés, quelque dépit qu'ils en éprouvent, que pour obéir à ces grands privilégiés, pour être les instrumens de leurs jouissances et les victimes de leur orgueil. Qu'ils s'en prennent à la nature; c'est elle qui a voulu que cela fût ainsi.

Comment les hommes ont-ils échappé à cette destinée? Comment se sont-ils soustraits à leur mutuelle fureur? Comment enfin sont-ils arrivés à fonder presque partout un ordre de société où non seulement les biens, la vie, l'honneur et la liberté de tous sont religieusement respectés, mais encore où il a été accordé aux peuples une participation plus ou moins importante à la direction du gouvernement? C'est ce qui fera l'objet du chapitre suivant.

CHAPITRE VIII.

Comment les peuples ont acquis des droits politiques,
et comment ces droits, de certains qu'ils étaient dans
l'origine, sont devenus éventuels.

Les gouvernemens ont succédé aux forts des premiers temps. C'est *comme forts*, et non *comme élus*, qu'ils règnent sur leurs sujets. Quand ils n'osent avouer cette doctrine, ils sont bien près d'être renversés.

Tant que le gouvernement est demeuré de fait entre les mains des forts, les faibles, avec quelque rigueur qu'ils fussent traités, ont enduré leur condition avec patience, parce qu'elle était la conséquence nécessaire de leur infériorité, et, par cela même, conforme à la nature des choses.

Mais la force n'était pas l'attribut d'une espèce d'homme différente des autres; c'était un accident parmi les individus de la même espèce. Les forts ne pouvaient donc se flatter de perpétuer dans leurs familles les droits dont ils jouissaient, puisqu'il était impossible qu'ils y perpétuassent leur force.

Aussi songèrent-ils à créer à leurs descendans une force artificielle qui leur constituât une supériorité permanente sur le reste de la nation. Dans ce dessein, ils élevèrent des forteresses inexpugnables et se fabriquèrent des armures d'airain. A l'aide de cette force empruntée, mais toutefois réelle, les descendans des forts furent long-temps en état de se maintenir contre leurs vassaux dans les droits qu'ils avaient hérités de leurs pères; mais enfin, lorsque leurs vieilles tours n'offrirent plus aux peuples qu'un obstacle facile à surmonter, lorsque leurs cuirasses devinrent accessibles aux nouvelles armes que l'industrie avait placées aux mains de leurs sujets, alors aussi leurs droits cessèrent d'avoir un appui dans l'ordre établi par la Providence, et par conséquent d'imprimer le respect. Les peuples, devenus forts à leur tour, ne reconnurent plus leurs maîtres ni leurs seigneurs dans une poignée de citoyens dégradés de leurs avantages naturels; ils s'indignèrent de voir les trésors de la terre fixés à demeure dans les mêmes familles, et se soulevèrent contre un ordre de choses qui, perpétuant d'âge en âge les facultés d'une seule époque, frappait désormais de stérilité le courage et le génie. Les prétentions de la noblesse ne furent plus, à leurs yeux, que des prétentions monstrueuses qui, renversant toutes *les inégalités naturelles* de l'espèce humaine, y substituaient *une inégalité de convention,* et partageaient les hommes, non plus en deux classes réellement existantes et par conséquent légitimes, celle des forts et celle des faibles, mais en deux classes factices, celle des hommes dont les pères *avaient été forts* et celle des hommes dont les pères *avaient été faibles* à l'époque de la formation de la société.

Une grande révolution devait donc s'accomplir, laquelle devait être suivie d'une série non interrompue de révolutions semblables. L'ordre qui jusqu'alors avait régi le monde, et qui, tout violent et imparfait qu'il fût, constituait cependant une espèce d'état de paix, cet ordre était sur le point de faire place à toutes les horreurs d'une guerre éternelle. De nouveaux *forts* allaient s'élever au pouvoir, pour en être précipités à leur tour par les forts des générations suivantes; tout allait être remis en problême. L'orgueil, affranchi et révolté, menaçait le monde d'un bouleversement général, quand la société fut sauvée par le développement d'un principe qui devait faire, de l'obéissance et du malheur même, une source de félicités.

Le bel ordre de l'univers avait parlé au cœur de l'homme. Saisi d'admiration à la vue de tant de merveilles, il crut, et se prosterna devant la puissance de son Créateur.

Tournant bientôt ses regards sur lui-même, il ne put concevoir qu'il eût été seulement destiné à vivre, à multiplier et à mourir, et que Dieu n'eût créé l'espèce humaine que pour se donner le spectacle de la voir s'agiter sur la terre dans la poursuite de vaines et stériles jouissances. Il voulut supposer à Dieu un dessein plus conforme à sa grandeur et à sa bonté, et se persuada qu'il avait créé l'homme pour en faire l'objet particulier de ses grâces et pour l'associer à sa gloire et à son immortalité.

De saints personnages s'élevèrent alors parmi les nations, et leur apportèrent la loi de Dieu ; cette loi qui, révélant à l'homme le sublime secret de sa création, fixe à la fois un but à sa vie, une compensation à ses peines et des récompenses à ses sacrifices.

Indignés des excès des grands, et non moins effrayés des ressentimens des peuples, ces hommes parcoururent les villes, et pénétrèrent dans le palais des rois. Ils dirent aux princes, vieillis

et endurcis dans le despotisme : «Voici ce que
« dit le Seigneur : Vous n'exigerez de vos peu-
« ples que les tributs indispensables ; vous ne les
« conduirez qu'à des guerres justes et nécessaires ;
« vous respecterez leur vie, leurs biens, leur
« conscience, leur honneur et leur liberté ; vous
« leur ferez une exacte distribution de la jus-
« tice. »

Ils dirent aux peuples, prêts à courir aux
armes et à la vengeance : «Vous respecterez les
« puissances que Dieu a établies sur vous, et vous
« leur obéirez en tout ce qui n'est point contraire
« à ses commandemens.

« Vous ne tuerez point ; vous ne déroberez
« point ; vous aimerez votre prochain comme
« vous-même. »

A ces paroles, le monde changea de face, et
la société vit planer sur elle une nouvelle puissance. Peuples et rois, également placés sous la
protection de la Divinité, devinrent les uns pour
les autres des objets d'affection et de respect ; des
pactes solennels, sanctionnés par la religion, ré-
glèrent leurs droits respectifs ainsi que les rapports des peuples entre eux ; la paix publique
fut désormais appuyée sur la conscience ; et le
droit de la force, qui jusque-là s'était maintenu
du sujet au prince et du prince au sujet, et qui

s'était maintenu encore dans les rapports de peuple à peuple, fit place à l'empire des lois et des traités.

De toutes les religions qui ont travaillé à mettre les princes et les peuples à l'abri de leurs passions mutuelles, aucune, il faut le reconnaître, n'a établi l'ordre public sur une base aussi solide que la religion chrétienne, parce qu'aucune n'a porté aux peuples plus de consolations, et par conséquent aux princes plus de sécurité.

Prenant les pauvres dans l'état de misère et d'abjection où la société les a placés, elle leur ouvre un autre monde dans lequel les souffrances et les privations qui les assiégent chaque jour doivent leur être comptées. « Enfans de Dieu, « leur dit-elle, ce ne sont pas les riches ni les « grands du monde, c'est vous, pauvres délais- « sés, vous, objet de tous les mépris, qui avez « à vous réjouir de votre condition, et à qui *la* « *bonne place* a été donnée. Aux riches, la terre; « à vous, le ciel. »

Ces doctrines consolantes raffermirent la paix dans le monde, et inspirèrent aux peuples le respect des biens acquis. Ce ciel ouvert, cet immense espoir, ce Dieu protecteur, soutenaient le pauvre au milieu de ses misères et lui rendaient moins amère la brillante destinée des riches.

Riche aussi d'avenir, il regardait sans colère les inégalités d'ici bas : les honneurs, les jouissances et le repos dévolus aux uns ; les sueurs et les privations imposées aux autres.

Sous l'influence de la religion, les diverses situations sociales changèrent entièrement de nature ; elles cessèrent d'être le produit grossier de la force, et devinrent, aux yeux de tous, les conditions d'un traité solennel, consenti, en présence du Ciel, entre les différentes classes de la nation, et par lequel chaque citoyen fut investi d'un *droit légitime,* et pour ainsi dire *divin,* à ses biens, à son rang, à son pouvoir, à ses franchises.

De cette nouvelle manière de considérer les biens, les rangs et le pouvoir, il se forma dans la société une force morale qui paralysa presqu'entièrement la force matérielle dans les mains de ceux qui en étaient investis ; de telle sorte, qu'à la différence de la *société naturelle* où la force seule constituait le droit et procurait en effet tous les avantages sociaux, dans la *société religieuse,* au contraire, le droit résulta des lois établies dans l'intérêt général des masses, sans aucune considération pour la force physique.

Mais ces salutaires croyances tardèrent peu à s'affaiblir, attaquées sans relâche par une philosophie orgueilleuse, et impatiente de régner à son tour sur les intelligences. Les paroles des prêtres furent tournées en dérision, et les promesses qu'ils faisaient au malheur furent placées au rang des fables. Eux-mêmes furent livrés à l'outrage, et des cris s'élevèrent de toutes parts pour leur demander la preuve de leur mission.

Alors toutes les passions haineuses furent de nouveau déchaînées sur le monde; un murmure sinistre se fit entendre, et la société se vit encore une fois ébranlée jusque dans ses fondemens.

Dieu ôté de la société, il n'y resta plus que l'homme livré à toute l'âpreté de son intérêt personnel. Les conditions consenties entre les différentes classes de citoyens, de même que celles qui avaient été consenties entre les peuples, se virent privées de ce qui constituait principalement leur stabilité; elles redevinrent une seconde fois ce qu'il est impossible qu'elles ne soient pas aux yeux de la raison toute seule : le résultat de la force matérielle, et ne reposèrent plus que sur l'intérêt personnel des princes et des peuples à ne pas s'exposer aux dangers d'une guerre ou d'une révolution.

Mais comme il n'est point de dangers qui puissent contenir long-temps la fureur de l'orgueil ou de l'ambition, tous les principes de l'ordre social adoptés sous l'empire des idées religieuses furent bientôt remis en question ; et en même temps que le monde devint une immense arène où tous les peuples s'efforcèrent de conquérir la prééminence, chaque Etat en particulier devint aussi une arène de moindre étendue, où les diverses classes de la société se disputèrent le pouvoir avec acharnement.

Telle est aujourd'hui la situation déplorable de l'Europe. Partout la *société morale* se dissout pour livrer de nouveau la place à la *société naturelle*, c'est-à-dire à la barbarie. Religion, traités, lois politiques, lois civiles, dynasties, rangs, propriétés, tout n'est plus considéré que comme transitoire et comme destiné à être détruit, suivant que les intérêts et les opinions viendront à se modifier. Les rois seuls restent encore fidèles aux vieilles lois de leur pays ; en tous lieux les peuples aspirent à les renverser. Forts de leurs masses innombrables, et mis en mouvement par des hommes de haine et de sang, ils s'ébranlent de toutes parts, ne sachant ni quels griefs ils ont à venger, ni quel nouveau régime les rendra plus heureux. Ils veulent changer pour changer, pour faire acte de puissance, pour établir une prétendue liberté dont aucun avantage précis ne s'offre clairement à leurs yeux. Un sentiment confus leur dit qu'ils se précipitent dans un abîme de malheurs ; qu'ils sèment sous leurs pas la guerre, la dévastation, la mort : n'importe ! une impitoyable fatalité les entraîne ; il faut que ce qui est ne soit plus, quelque funeste et redoutable que doive être ce qui sera.

Dans une pareille disposition des esprits, et lorsque les droits acquis sont désormais privés de toute garantie morale, et chaque jour exposés aux attaques de la force matérielle, il est évident qu'aucun gouvernement ne peut plus subsister qu'en s'appuyant sur une force supérieure à celle qui le menace, ou qu'en parvenant à ranimer parmi les peuples des croyances religieuses ou politiques qui neutralisent la puissance des masses et les attachent à l'ordre établi, comme à l'état de choses le plus propre à faire leur bonheur.

~~~~~~

CHAPITRE IX.

Réfutation des principes sur lesquels on appuie
l'égalité politique.

L'homme est né libre, dit Rousseau, *et partout il est dans les fers.*

Deux choses dans cette courte phrase : un
principe et un fait. Or, le fait seul démontre la
fausseté du principe.

Ne serait-il pas, en effet, bien extraordinaire
que l'homme fût né libre, et qu'il eût été possible à quelques hommes de jeter le genre humain dans les fers? Si l'état de sujétion dans
lequel les peuples sont placés vis-à-vis de leurs
princes était, comme le prétend Rousseau, un
état contre nature, comment cet état aurait-il pu
s'établir, et comment se serait-il maintenu jusqu'à nos jours? Les peuples n'y auraient-ils pas
éprouvé un malaise insupportable, et n'aurait-il
~~~~~~

pas fallu que l'espèce humaine pérît, ou qu'elle parvînt à s'en affranchir?

Puisqu'au contraire les peuples ont vécu heureux sous l'autorité plus ou moins absolue de leurs chefs, il y a donc dans le cœur de l'homme quelque chose qui lui dit qu'il est né pour obéir à des supériorités quelconques : à des supériorités positives dans l'état de nature ; à des supériorités conventionnelles dans l'état de société, lequel n'est lui-même qu'un état de convention.

Cette soumission de l'homme à l'homme résulte, ainsi que nous l'avons dit, de la loi spéciale de son organisation. Pour que l'homme fût né libre, il faudrait qu'il ne dépendît que des lois de la nature physique, et qu'il fût le maître absolu de ses actions dans les limites de ses facultés. Mais comme il a reçu de la nature un instinct particulier qui le porte à établir sa domination sur l'homme, il s'ensuit que l'homme n'est pas né libre vis-à-vis de l'homme, et qu'au contraire le faible est né dans la dépendance du fort.

Il y a même cette différence entre l'homme et ceux d'entre les animaux qui ont été destinés à vivre comme lui en état de société, que la dépendance de ceux-ci à l'égard les uns des autres a été déterminée d'une manière précise par la loi de société que la nature leur a donnée ; tandis que l'homme ayant été abandonné à tous les désordres que ses passions devaient enfanter, il en résulte que la dépendance de l'homme vis-à-vis de l'homme est illimitée, et qu'il n'y a pas d'abus de la force auquel le faible ne soit exposé.

Sans doute, la force ne constitue pas *un droit,* en ce sens qu'elle imposerait au faible *un devoir.* Elle le laisse libre de se soustraire à ses atteintes ; mais jusqu'à ce qu'il y soit parvenu, elle est pour lui une loi à laquelle la nature a voulu qu'il obéît.

En supposant donc, avec Rousseau, « que les « hommes parvenus à ce point où les obstacles « qui nuisent à leur conservation dans l'état de « nature, l'emportent, par leur résistance, sur « les forces que chaque individu peut employer « pour se maintenir dans cet état, et où les hom- « mes n'ont plus d'autres moyens pour se con- « server que de former, par aggrégation, une « somme de forces qui puissent l'emporter sur la « résistance, de les mettre en jeu par un même « mobile, et de les faire agir de concert. »

Il ne faut pas conclure avec lui que « par ce « contrat d'association, chacun se donnant tout « entier, *la condition devra être égale pour* « *tous.* »

Mais il faut conclure, au contraire, que *chacun apportant dans la société des mises différentes,* LA CONDITION DE CHACUN DEVRA AUSSI ÊTRE DIF-FÉRENTE.

Si donc il est vrai de dire hypothétiquement, et en partant du faux principe de l'égalité des hommes entre eux,

« Que la souveraineté réside dans la réunion « de tous les membres de la communauté;

« Que la loi est l'expression authentique de la « volonté générale;

« Qu'il est contre la nature du corps politique « que le peuple s'impose une loi qu'il ne puisse « enfreindre, puisque, ne pouvant se considérer « que sous un seul et même rapport, il est dans « le cas d'un particulier contractant avec soi-« même, et que par conséquent il n'y a et ne « peut y avoir nulle espèce de loi fondamentale « obligatoire pour le corps du peuple, pas même « le pacte social;

« Qu'enfin le prince, quel qu'il soit, n'est qu'un « officier du peuple, exerçant en son nom le pou-« voir dont il l'a fait dépositaire, et qu'il peut « limiter, modifier et reprendre quand il lui plaît. »

Il est vrai de dire positivement, lorsqu'en réalité la société *n'est que le résultat des conventions passées entre les forts et les faibles* et consacrées par la religion ou par l'intérêt général des citoyens,

Que la souveraineté réside dans le prince, dans les familles ou dans les corps dans lesquels elle a été placée par le pacte social;

Que la loi est l'expression de la volonté de ceux à qui le pouvoir de la faire a été conféré par ce même pacte;

Qu'enfin le peuple n'a pas *le droit* de changer le pacte social sans le consentement de son prince; et que si, usant du droit de la force, il s'affranchit de ses obligations, il s'expose à ce que son prince, rentré aussi dans le droit de la force, lui enlève ses priviléges et le soumette à la plus dure condition.

Quelque brillantes théories que l'on se plaise à imaginer, on ne peut échapper à cette triste réalité, que la force est le fondement de toute société, et que par conséquent l'inégalité est une des nécessités de l'ordre social. Il est même impossible qu'il en soit autrement, parce que l'état de choses qui résulte de la force est le seul qui satisfasse la passion de l'homme pour la domination. Dans un système d'égalité réelle et absolue, l'homme végéterait et périrait de malaise, privé qu'il serait d'une jouissance dont la loi de son organisation lui a fait un besoin.

Aussi, quel autre spectacle l'histoire nous offre-t-elle quand la société morale se trouve suspendue chez un peuple, si ce n'est les différentes forces de la société, luttant sans cesse les unes contre les autres? Et que voyons-nous encore aujourd'hui? Séduites par les prétendus avantages des théories républicaines, les classes moyennes ont appelé le peuple à leur aide pour renverser la domination de la noblesse. Mais, cela fait, ont-elles établi l'égalité? Tant s'en faut! Placées elles-mêmes, par leur victoire, à la tête de la société, elles n'ont plus songé qu'à se maintenir au pouvoir et à en éloigner le peuple; ce même peuple dont elles avaient proclamé la souveraineté. En cela, les classes moyennes ont agi *naturellement*, et le peuple agira *naturellement* à son tour, quand, voulant goûter aussi le plaisir de la domination, il arrachera à la bourgeoisie et le pouvoir et ses propriétés. Mais comme le peuple n'a lui-même d'autre moyen de posséder le pouvoir qu'en reconnaissant à chacun de ses membres un droit égal à la souveraineté, des hommes sortiront de ses rangs, à qui cette égalité, destructive de toute jouissance d'ambition, deviendra pesante : des Césars, des Cromwells, des Bonapartes, qui le feront rentrer sous le joug.

Peut-être m'objectera-t-on, en m'accordant la

nécessité de pourvoir à la passion naturelle de l'homme pour la domination, que, dans tout système politique qui admet des **rangs** et des **privi-léges**, ce besoin n'est satisfait que dans un petit nombre de citoyens, et qu'il est **comprimé** dans les autres. On se trompe. Dans ces sortes de gouvernemens, l'existence seule de la hiérarchie sociale satisfait toutes les ambitions; car non seulement le plus grand nombre des citoyens ont des inférieurs sur lesquels leur orgueil peut s'exercer, mais ceux mêmes qui sont placés au dernier rang de la société peuvent espérer encore une circonstance heureuse qui les porte à un rang plus élevé, et ils jouissent par imagination du plaisir de commander.

Dans un système d'égalité, au contraire, toute supériorité, de fait ou d'imagination, devient impossible. Il faut renoncer au plaisir de dominer, c'est-à-dire étouffer en soi ce qui ne peut jamais être étouffé : un sentiment naturel. Ce système est donc directement opposé au caractère distinctif de l'homme. Aussi n'a-t-il jamais été établi et ne pourra-t-il jamais s'établir nulle part.

CHAPITRE X.

Résumé.

Il résulte de ce que nous avons dit dans les chapitres précédens :

1° Que l'homme, par cela seul qu'il a reçu de la nature certaines facultés, a nécessairement reçu le droit d'en faire un libre et entier usage.

2° Que, n'étant empêché par aucun sentiment de répugnance innée de faire usage de ses facultés contre son semblable, il a le droit de les exercer contre l'homme aussi bien que contre tout autre produit de la création, toutes les fois que ses passions l'y portent : d'où il suit que, *dans l'ordre de la nature,* le faible a été placé dans la dépendance absolue du fort, et n'a *aucun droit* à opposer à sa tyrannie.

3° Que les hommes auraient ainsi vécu dans un état de guerre perpétuelle, le fort opprimant le faible, comme le loup dévore l'agneau, si les faibles n'avaient trouvé dans leurs facultés, bien qu'inférieures, des moyens de défense tellement redoutables, qu'il est devenu de l'intérêt des forts de se réunir avec les faibles en état de société, et de contracter avec eux certaines conventions d'où sont nés les droits des hommes les uns vis-à-vis des autres.

4° Que, dans ce nouvel état de choses, les forts ayant conservé l'exercice entier du droit de la force, en tout ce qui n'avait pas rapport à la sûreté des personnes et des propriétés, ils ont dû soumettre d'abord les faibles à leur autorité, de même que les communautés les plus nombreuses ont dû imposer la loi aux plus petites; mais que l'état de choses établi par les forts ayant été subordonné à la condition qu'ils continueraient d'être les plus forts, il a dû être changé quand la force est passée du côté des peuples : d'où il suit encore que, *dans l'ordre de la nature, les gouvernemens, les lois et les traités ne sont que choses passagères*; que les peuples n'ont *aucun droit* à opposer aux exigences de leurs princes; les princes, aux exigences de leurs peuples; ni les petites communautés aux exigences des plus grandes; et que si, dans le fait, les princes et les peuples jouissent de certains droits non contestés, les uns vis-à-vis des autres, et les petites communautés, d'une certaine indépendance vis-à-vis des plus grandes, c'est qu'aux *sociétés naturelles* ont succédé *des sociétés religieuses et morales,* dans lesquelles les droits respectifs des princes, des peuples et des nations ont été fixés par des considérations d'intérêt général, distinction faite des intérêts particuliers et des moyens appartenant à chaque individu de faire valoir les siens.

5° Enfin, que les croyances religieuses et morales sur lesquelles s'appuyaient les droits des princes, des sujets et des nations, étant ébranlées aujourd'hui dans tous les esprits, les princes, les sujets et les nations n'ont plus d'autre moyen de conserver leurs droits respectifs que de s'assurer une force suffisante contre les attaques dont ils sont chaque jour l'objet.

LIVRE II.

DU BUT PRINCIPAL ET DES BESOINS GÉNÉRAUX DE TOUT GOUVERNEMENT.

—

CHAPITRE UNIQUE.

Observations préliminaires.

S'IL est vrai que, dans l'ordre naturel, il n'existe aucun droit ni pour les hommes ni pour les peuples, et que les uns et les autres aient été abandonnés à l'action réciproque de leurs facultés, il s'ensuit que tous les droits que les peuples réclament aujourd'hui de leurs princes, ou que, maîtres du pouvoir, ils veulent s'assurer par

eux-mêmes, ne sont pas des besoins *réels et absolus*, mais de simples *améliorations* à leur sort,
qui, même en les supposant justes dans leur objet, doivent être subordonnées à la première condition de tout bonheur social : la stabilité du
gouvernement.

Si donc, parmi les droits réclamés par les peuples, il en était d'une nature telle qu'ils fussent
incompatibles avec toute forme quelconque de gouvernement, il est évident que ces droits devraient
leur être déniés comme contraires à l'état de société, et par conséquent aux intérêts des peuples eux-mêmes.

Mais nous devons considérer encore sous un
autre point de vue les droits réclamés par les
peuples.

Tous les modes de gouvernement ne sont pas
également convenables à chaque peuple. Un grand
peuple ne peut pas être gouverné comme une
petite nation; un peuple riche comme un peuple
pauvre; un peuple entouré de voisins puissans
comme un peuple dont l'indépendance ne saurait
être attaquée ou se trouve protégée par la riva-
lité même des autres peuples. Certains faits accomplis, certaines mœurs, certains principes religieux, certaine position géographique peuvent
exiger en outre que l'autorité soit plus ou moins

concentrée, plus ou moins forte, plus ou moins rapide dans ses mouvemens.

Il suit de là que le législateur doit encore dénier au peuple tous les droits qui sont incompatibles avec le mode de gouvernement que réclament ses circonstances particulières; et que la grande question de ce que l'on appelle aujourd'hui *la liberté,* ne consiste, pour aucun peuple, à savoir quel est le mode de gouvernement qui doit lui assurer le plus de droits contre le pouvoir; mais à savoir quels sont les droits qui peuvent s'allier avec les besoins du gouvernement qui lui est propre.

Nous aurons donc à examiner d'abord :

Quelles sont les conditions générales de stabilité de toute espèce de gouvernement?

Et ensuite, si nous voulons rechercher en quoi peut consister *la liberté* pour tel peuple en particulier : pour le peuple français, par exemple, nous examinerons :

1° Quel est le mode spécial de gouvernement qui convient aux circonstances du peuple français?

2° Quelles sont les conditions de ce mode de gouvernement?

Et 3° Quels sont, parmi les droits réclamés par la nation française, ceux qui peuvent et ceux qui ne peuvent pas s'allier avec ces conditions?

Enfin nous examinerons comment les droits conciliables avec les conditions du gouvernement reconnu le plus propre à la situation et aux mœurs de la France, doivent être coordonnés avec ces conditions.

CHAPITRE PREMIER.

Du premier intérêt de toute société.

Le premier intérêt de toute société c'est le maintien du droit de propriété, tel que nous le voyons établi aujourd'hui chez toutes les nations de l'Europe, c'est-à-dire tel qu'il dérive du droit de succession, du droit de donation et des profits légitimes du commerce et de l'industrie.

Cette proposition, qu'il eût suffi d'énoncer autrefois pour la voir unanimement admise, n'est déjà plus, je le sais, d'une évidence générale. Elle sera vivement contestée par une certaine classe de publicistes qui regarde le respect des peuples pour la propriété comme un de ces vieux préjugés dont il faut s'efforcer de les affranchir. Mais il n'en est pas moins vrai que dans l'état actuel de nos mœurs et de nos croyances morales, le droit de propriété est encore considéré, par la grande majorité des citoyens, comme la base fondamentale de la société, et comme le grand intérêt qui doit servir de mesure à la liberté.

Je n'aurai donc point à craindre de m'engager dans une fausse route en m'attachant au droit de propriété comme au principe vital de la société, et en cherchant les conditions de l'ordre public dans les conditions nécessaires au maintien de ce droit.

CHAPITRE II.

De l'examen du droit de propriété.

Je ne sais quelle opinion la classe immense des pauvres se fait du droit de propriété; mais je sais que, parmi cette foule de propriétaires qui travaillent avec tant d'ardeur à niveler toutes les conditions, à peine s'en trouve-t-il un seul qui soupçonne seulement que le droit de propriété puisse faire l'objet du moindre doute, et qui voulût entendre à aucun changement dans l'ordre actuel de la société, si ce changement devait aller jusqu'à niveler aussi la propriété.

Cependant, demandez à ces propriétaires, si certains de leur fait, sur quelle base ils asseoient le droit de propriété; il est rare qu'ils répondent autre chose, sinon que ce droit existe partout et qu'il a toujours existé.

Leur embarras n'a rien qui doive étonner.

En effet, abstraction faite de la loi divine, où trouver le fondement du droit de propriété?

Quand le pauvre dit au riche : Quel droit avez-vous de posséder tel champ? Si le pauvre croit en Dieu, le riche lui répond : Dieu l'a voulu ainsi; et le pauvre est satisfait.

Mais si le pauvre ne croit pas en Dieu, quelle sera la réponse du riche?

La loi, dira-t-il, a voulu que j'héritasse de mon père et que je fusse maître et seigneur des produits de mon industrie. Mais qu'est-ce que la loi? Qui l'a faite? Si ce n'est que de la loi que vous tenez votre titre, une autre loi peut vous l'ôter.

Obligé de renoncer à l'appui d'une légalité qui peut demain se tourner contre lui, le riche se réfugie dans les principes de l'équité naturelle.

Chacun, dit-il, doit jouir du fruit de son travail. Fort bien! Mais pour que ce principe ne blesse les intérêts de personne, il faut que tout le monde soit allé à l'ouvrage avec les mêmes instrumens; sans quoi il n'est pas étonnant qu'à travail égal, les uns aient gagné deux fois plus que les autres; et dès lors, le salaire des premiers devient une injustice aux yeux des moins gagnans.

Le droit de propriété sur les produits du travail ne commence donc à s'ouvrir d'une manière incontestable que là où tous les citoyens ont été pourvus des mêmes moyens de travailler : c'est-à-dire que là où tous ont été mis en état de recevoir la même instruction, et où le gouvernement a délivré à chaque citoyen une même portion des biens communs pour l'aider à mettre son industrie en mouvement.

Mais si les profits inégaux de l'industrie sont déjà si difficiles à justifier sous le rapport de l'équité naturelle, comment justifier le droit d'hérédité? Il est, dit-on, dans la nature. Dans la nature? Et pourquoi? Parce que tous les hommes sans distinction éprouvent le désir de laisser leurs biens à leurs enfans. Mais que fait ce désir à ceux qu'il tend à dépouiller de leur portion dans ces mêmes biens? Tous les hommes n'éprouvent-ils pas aussi le désir de dominer sur les autres? Est-ce à dire qu'il faille qu'une certaine classe d'hommes se résigne à être esclave, pour que cette ambition générale soit du moins satisfaite dans quelques-uns?

Une fois que la propriété ne repose plus que sur l'équité naturelle, il est impossible d'échapper à la doctrine suivante :

La terre a été donnée également à tous les enfans des hommes. Donc, *chaque citoyen a un droit égal à la masse des terres qui composent le territoire de la communauté.*

Aucun territoire ne peut, à moins d'être cultivé, subvenir aux besoins de ses habitans. Donc, *tous les membres de la communauté sont également tenus de travailler.*

Le bien - être général exige que tous les citoyens ne soient point employés à la culture de la terre. Tandis que les uns se livrent au labourage, il est bon que les autres se livrent à la fabrication des objets nécessaires aux besoins de tous. Mais le travail, ainsi divisé dans le seul intérêt de la société, doit procurer à chacun une aisance égale.

Donc, *il faut que le produit du travail de chaque citoyen soit versé au trésor de l'Etat, et que l'Etat délivre à chacun de ses membres une portion égale dans les divers produits des travaux de tous.*

Une seule exception à cette règle pourrait avoir lieu, et encore serait-elle susceptible d'être contestée.

. Tous les citoyens ne travaillant pas avec la même ardeur, la même intelligence, le même succès, peut-être serait-il juste de délivrer, sur les produits des travaux de tous, une portion plus considérable à ceux qui, par leur industrie, auraient procuré à la société une plus grande masse de produits, ou des produits plus précieux. Mais comme, dans tous les cas, il serait essentiellement contraire au principe de l'équité naturelle qu'un citoyen pût être dispensé de l'obligation générale du travail, et ce, parce qu'il aurait trouvé, dans les économies de son père, des moyens de subsister sans avoir recours aux répartitions publiques, il en résulte qu'au décès de chaque citoyen, *ses biens devraient être versés au trésor pour augmenter le fonds commun.*

Contre ces conséquences, rigoureusement déduites de l'équité naturelle, on ne peut défendre le droit de propriété que par des considérations qui ne sont pas à la portée du peuple, et qui, par conséquent, ne sont pas des raisons pour lui.

Ce n'est que par l'énumération des désordres qu'entraînerait après elle l'abolition du droit de propriété que l'on peut parvenir à établir la nécessité de ce droit. Or, que veut-on que le peuple comprenne à des preuves négatives?

L'attention du peuple ne peut être dirigée que sur des choses dont il voie clairement les effets. Force lui est alors de se rendre à l'évidence, et de reconnaître le bien ou le mal de ces choses.

Mais quand on lui dit : *Si telle chose n'était point ainsi, il arriverait telle autre chose qui serait encore pire;* comme il ne voit jamais bien nettement l'enchaînement des choses entre elles, et qu'il peut supposer d'ailleurs qu'on a intérêt à lui peindre l'avenir sous de sombres couleurs, il préférera toujours s'exposer à *ce plus mal,* qui est incertain, qu'accepter *ce mal,* qui est certain.

Ainsi, pour en revenir au droit de propriété, quand on en est réduit à dire au pauvre :

Qu'a viendrait-il de l'ordre social si les profits de toutes les professions devaient être versés au trésor, et si les biens de chaque citoyen devaient, après sa mort, retourner à l'Etat? La société deviendrait un enfer : car, comme il serait impossible de vérifier avec exactitude les profits faits par chaque citoyen, et comme chaque père de famille s'arrangerait de manière à soustraire au trésor la majeure partie de sa succession, il s'ensuivrait que le trésor serait hors d'état de délivrer à chaque citoyen la portion qui aurait été déclarée lui appartenir dans les biens communs, et que les citoyens, ainsi frustrés dans leurs légitimes espérances, regarderaient comme des spoliateurs ceux qui seraient soupçonnés d'avoir quelque pécule particulier, se précipiteraient sur leurs personnes et les massacreraient sans pitié ; de telle sorte que la société n'offrirait bientôt plus qu'une scène non interrompue de pillages et de meurtres.

Quand, dis-je, pour justifier le droit de propriété, on en est réduit à donner au peuple de semblables raisons, il faut renoncer à le convaincre. Que lui importe un état de désordre et de misère générale? La misère n'est-elle pas sa condition habituelle, et le désordre n'est-il pas son espérance? Et quand on parviendrait à le persuader que le désordre doit aggraver encore sa misère, pourquoi veut-on qu'il croie à ce désordre, sur la parole de ceux qui ont intérêt à l'en effrayer?

Il résulte de toutes ces observations, que si le droit de propriété est encore sacré aux yeux des peuples, c'est seulement par suite des impressions qu'ils ont puisées dans leurs anciennes croyances religieuses; et qu'à mesure que ces impressions s'affaibliront, le respect pour la propriété s'affaiblira aussi de plus en plus, et finira par disparaître entièrement. Or, comme le droit de propriété, nonobstant l'impossibilité d'en démontrer au peuple les avantages, n'en est pas moins la base fondamentale de la société, il s'ensuit que toutes les institutions politiques doivent être calculées de manière à garantir ce droit de toute atteinte, et que tout droit qui serait de nature à l'ébranler, doit être considéré, par cela même, comme une prétention extravagante, et contraire à l'existence même de la société.

CHAPITRE III.

Des conséquences du droit de propriété.

A un droit exorbitant sous le rapport de l'équité naturelle, ou qui peut être bientôt considéré comme tel par la masse entière du peuple, il faut toutes les garanties que la société peut donner; c'est-à-dire, toutes les garanties qui naissent de l'opinion et toutes celles qui résultent de la force publique.

Il faut donc, et que la société protége et encourage les croyances qui font, du respect de la propriété, un des préceptes de la loi de Dieu, et que le pouvoir soit placé entre les mains des riches, ou directement, comme il arrive lorsque la Constitution du pays confère exclusivement aux riches la gestion des affaires publiques; ou indirectement, comme il arrive lorsque la Constitution, appelant tous les citoyens à l'exercice de la puissance publique, les pauvres se trouvent cependant soumis à l'influence des riches dans l'usage qu'ils font de leurs droits.

CHAPITRE IV.

De la nécessité d'une religion d'Etat.

DE toutes les garanties qui peuvent être données à la propriété et par conséquent à l'ordre public, il n'en est pas de plus solide que celle de la religion.

Mais pour que le peuple croie, il faut que tout croie autour de lui ; qu'il voie son prince et ses magistrats partager ses craintes et ses espérances, et le Dieu dont on lui a enseigné à redouter les jugemens, régner sur l'État lui-même et le remplir de son esprit. Avec quelle résignation il supporte alors toutes ses souffrances! Que le mystère de la société s'explique clairement à ses yeux! Qu'il comprend bien pourquoi il est pauvre, et pourquoi son voisin est riche ; et qu'il sait bien aussi tous les dédommagemens qui l'attendent!

J'assistais à la messe un jour de grande fête, dans la belle cathédrale de Chartres, comme président de la Cour d'assises. Les autorités civiles et militaires s'étaient rendues à l'église; la religion brillait dans toute sa gloire. Au moment de la communion, quelques dames de distinction s'approchèrent de la sainte Table. Une pauvre femme, retenue sans doute par une fausse honte, n'avait point osé se mêler parmi elles. Cependant le prêtre remonte à l'autel et replace les hosties dans le tabernacle. La pauvre femme laisse alors échapper quelques regrets qui sont compris par ses voisins. On s'émeut, on l'encourage; on la conduit à l'autel plutôt qu'elle ne s'y avance d'elle-même, et le prêtre est averti qu'un nouveau fidèle se présente pour participer au divin banquet. Aussitôt les chants sacrés recommencent; l'encens monte vers le ciel; les troupes mettent un genou en terre; les tambours battent aux champs; tout l'auditoire se prosterne. Quels durent être les sentimens de cette pauvre chrétienne, à la vue de toute cette pompe dont elle était l'occasion? « Oui, c'est Dieu, dut-elle s'é-
« crier en approchant de l'autel, c'est lui qui va
« s'unir à moi; à moi, la plus obscure de ses créa-
« tures! C'est lui! Voyez comme ce peuple l'adore;
« comme ces magistrats, cette foule, ces soldats

« sont prosternés à ses pieds! Comme ils ont foi
« en ses mystères! Comme ils espèrent en ses
« miséricordes! »

Otez au peuple l'exemple de ses chefs; ôtez-
lui l'aspect de cette foi générale qui se manifeste
par l'interruption du commerce et des services
publics, par les jeûnes, par les fêtes, par le re-
tentissement des cloches et par toutes les céré-
monies extérieures du culte, et vous lui ôtez
toute croyance. Comment sa conviction résiste-
rait-elle à l'incrédulité générale? Là où les grands
lui disent chaque jour : « La religion est une
imposture, » peut-il long-temps conserver sa foi?

Il y a tyrannie, dit-on, à vouloir qu'un citoyen se soumette aux exigences d'un culte qui
n'est pas le sien. Je ne vois rien là qui soit plus
extraordinaire que d'exiger son obéissance à des
lois qu'il trouve mauvaises. Ce n'est pas pour
donner un éclat particulier à la religion dominante qu'on impose aux citoyens tel ou tel sa-
crifice, mais c'est pour que le peuple croie, et
que, croyant, il soit résigné à son sort et soumis
à l'ordre établi.

On craint encore qu'un clergé dominant ne
s'empare tôt ou tard de l'autorité. Combien c'est
connaître peu les véritables causes de la puissance
du clergé! Ce n'est jamais dans le fait de sa su-

prématie qu'un corps de prêtres quelconque puise son influence : c'est dans l'opinion que le peuple se forme de ses lumières et surtout de sa mission. Le jour où le peuple viendrait à croire que l'homme qui a reçu d'en haut le pouvoir de lui annoncer la parole de Dieu, a reçu aussi le pouvoir de le gouverner, il n'y a ni lois ni armées qui pourraient empêcher le prêtre de s'emparer de l'administration de l'État.

Or, comme l'homme ne vit pas seulement de pain, mais encore d'espérances et de consolations; et comme il en résulte que le gouvernement doit se trouver toujours en présence de la religion, il est évident qu'il aura moins d'entreprises à craindre contre son autorité de la part d'un clergé uni à lui par la loi de l'Etat, que de la part d'un clergé indépendant, n'ayant aucun avantage à attendre du pouvoir, ni par conséquent aucun ménagement à garder avec lui. Mais ces vérités ne sont comprises aujourd'hui par personne, tant on a de haine contre la religion catholique. *Écrasez l'infâme!* est encore le cri des puissances du jour; et tel est leur aveuglement, qu'elles croient ne pouvoir mieux avilir la religion qu'en l'isolant du gouvernement et l'abandonnant à elle-même.

Ainsi la France se trouve placée entre le fanatisme et l'impiété; entre tous les désordres que peuvent ramener les prétentions, dès lors sans frein, du clergé catholique, et la profonde dépravation qui naît de l'incrédulité.

CHAPITRE V.

De la souveraineté du peuple.

Puisque le droit de propriété ne peut être établi par le principe de l'équité naturelle, et que l'intelligence du vulgaire ne peut s'élever jusqu'aux dangers qu'entraînerait, pour la société, l'abolition du droit de propriété, le peuple doit être placé, sous le rapport du gouvernement, dans un état de minorité perpétuelle, et par conséquent le pouvoir doit appartenir aux riches et aux plus riches d'entre les riches, comme ayant un intérêt plus particulier au maintien de la propriété.

Mais il ne suffit pas que le pouvoir appartienne aux riches; il faut encore, une fois que la forme sous laquelle le pouvoir doit s'exercer a été définitivement fixée par les conventions passées entre les princes et les peuples, que ce soit désormais un principe reconnu dans l'Etat, qu'aucun changement ne peut être fait à l'ordre établi que par le pouvoir ou avec le pouvoir; ou, en d'autres termes, il faut que le pouvoir soit considéré comme *légitime.*

S'il en est autrement, et que la souveraineté soit reconnue résider dans le peuple, non seulement le gouvernement établi n'a plus de garantie, mais il n'y a plus même ni propriété, ni sûreté individuelle, ni ordre quelconque qui puissent exister d'une manière durable.

Et en effet, le jour où le peuple réclamerait une nouvelle distribution de la propriété, qu'auriez-vous à lui dire? N'est-il pas le peuple, le souverain, l'arbitre absolu de tout ce qui est juste et injuste?

Le jour où il voudra se défaire d'un ennemi, de quel droit entraverez-vous le cours de ses vengeances? N'est-il pas encore le peuple?

Enfin, le jour où il ne voudra plus de ses magistrats, de ses lois, de sa Constitution, quel titre opposerez-vous à son inconstance? N'est-il pas toujours le peuple?

Un citoyen monte sur un tréteau au milieu de la place publique; il prêche la révolte; il fait plus, il saisit une arme; et poussant des cris de fureur, il invite le peuple à se joindre à lui pour renverser le gouvernement. Que feront les magistrats? Le poursuivront-ils comme coupable d'attentat contre le gouvernement établi et contre la volonté du peuple dont ce gouvernement est l'ouvrage? Mais il répond que, loin de méconnaître la volonté du peuple, c'est à cette volonté même qu'il rend hommage, en s'efforçant de la rallier à son opinion contre une forme de gouvernement qui lui paraît en opposition avec les intérêts du pays.

Parvient-il enfin à réunir quelques amis, et les décide-t-il à attaquer le pouvoir établi; quel crime peut-on lui imputer encore? Cette fois, il se prétend le peuple lui-même dans l'exercice auguste de sa souveraineté. Lui objecte-t-on le petit nombre de ses partisans; il vous demande combien vous exigez de citoyens pour qu'ils soient censés représenter le peuple? Sera-ce mille, deux mille, dix mille? Les ouvriers de Paris n'ont-ils pas été reconnus comme constituant le peuple français, dans les célèbres journées de juillet 1830? Qu'étaient-ils cependant, comparés au reste de la nation?

Mais, dira-t-on, pourquoi attacher tant d'importance à l'exclusion du principe de la souveraineté du peuple? Tout peuple n'est-il pas réellement souverain, puisqu'en fait il a toujours le pouvoir de renverser, quand bon lui semble, le gouvernement établi? Qu'importe donc que ce pouvoir soit ou ne soit pas érigé en droit? En existera-t-il moins pour n'être pas inscrit en tête de la Constitution?

Sans doute le pouvoir matériel du peuple ne dépend pas de la reconnaissance formelle de son droit de souveraineté. Mais n'est-ce donc rien qu'un peuple se croie souverain ou sujet? N'aura-t-il pas, dans le premier cas, bien d'autres exigences que dans le second? et suivant l'opinion qu'il se formera de ses droits, ne s'établira-t-il pas, dans ses relations avec son prince, toutes les nuances qui existent entre l'ordre et la prière?

N'est-ce donc rien non plus que cette hésitation funeste, qu'en présence de l'insurrection le principe de la souveraineté du peuple jette nécessairement dans la conduite des officiers publics? Que doit voir le magistrat dans les masses soulevées? Des maîtres, ou des révoltés? S'inclinera-t-il avec respect devant l'expression de leur volonté, ou les sommera-t-il d'exécuter ses ordres?

Le principe de la souveraineté du peuple est donc incompatible avec tout mode quelconque de gouvernement.

Une fois ce principe admis, il n'y a plus, à proprement parler, de gouvernement établi. Il y a bien un ordre de choses actuel, un pouvoir reconnu; mais cet ordre de choses, ce pouvoir restent suspendus en l'air et ne s'appuient sur rien. La moindre circonstance, le moindre caprice, une opinion passagère, un enthousiasme subit suffisent pour le renverser. La société ne porte plus en elle cette conviction profonde des droits du prince, qui seule peut maintenir le peuple dans l'obéissance et soutenir les agens de la force publique dans l'existence pénible de leurs fonctions.

Comment se fait-il, lorsque la souveraineté du peuple est remplie de tant d'orages, qu'un si grand nombre d'hommes éclairés professent hautement cette doctrine, sans paraître s'inquiéter de tout le désordre qu'elle peut produire?

C'est que pas un d'eux n'est vrai dans les théories qu'il proclame, et que tous n'y cherchent qu'un moyen spécieux de s'emparer de l'autorité.

Quand on veut renverser un gouvernement établi depuis plusieurs siècles, encore faut-il bien avoir un prétendu droit à lui opposer, sous peine de se voir flétri du nom de rebelle et de traître, et de soulever contre soi l'indignation des honnêtes gens.

Appuyer une révolte sur la violation de certains priviléges, sur l'illégalité de certains actes, sur la dureté et le despotisme de certains agens du pouvoir, c'est se jeter dans le dédale d'une longue et pénible controverse, dont on n'est pas toujours assuré de sortir avec succès. Le prince peut d'ailleurs, pour couper court à toute réclamation, renvoyer ses ministres et révoquer les actes qui font l'objet du mécontentement public. Mais avec le principe de la souveraineté du peuple, il n'est pas besoin de tant de soins pour former un corps de délit contre le gouvernement; il ne s'agit que d'amener devant le prince un nombre quelconque de citoyens qui se prétendent le peuple et qui lui disent crûment : Nous ne voulons plus de vous.

La souveraineté du peuple est donc moins une doctrine vivante dans le cœur de certains hommes, qu'une machine inventée par eux pour renverser le gouvernement existant. Aussi n'ont-ils pas plutôt établi leur propre puissance sur les ruines de l'ancien pouvoir, qu'ils se hâtent de briser l'instrument qui a servi à leur élévation, dans la crainte que de nouveaux réformateurs ne s'en aident contre eux.

Ils font alors une doctrine toute autre de la doctrine qu'ils ont prêchée. La souveraineté du peuple n'est plus le droit qui appartient au peuple de modifier comme il lui plaît la forme de son gouvernement, mais seulement le droit spécial d'établir sa Constitution. Cette Constitution, une fois établie, la souveraineté expire entre les mains du peuple; de souverain qu'il était, il devient à jamais sujet de la loi qu'il s'est imposée, et n'a plus droit d'y rien changer que d'après les formes et par l'entremise des pouvoirs qu'il a lui-même institués.

C'est ainsi que les doctrinaires, après avoir renversé la Charte de Louis XVIII, et en avoir proclamé une autre en vertu du principe de la souveraineté du peuple, ont interdit à ce même peuple le droit de changer la Constitution nouvelle, prononçant des peines sévères contre tout individu qui provoquerait à la renverser (1).

Mais comment les doctrinaires n'ont-ils pas senti tout ce qu'il y avait de bizarre, j'ai presque dit d'extravagant, dans une pareille interprétation du droit de la souveraineté du peuple? Eh quoi! il y aurait entre les diverses générations du même peuple, des droits si différens! il y aurait des générations constituantes et des générations constituées, comme il y a, dit-on, dans une ruche, des abeilles fécondes et des abeilles travailleuses! La nation d'une telle époque aurait droit d'ordonner et de créer; elle ne connaîtrait d'autre

(1) Loi du 29 novembre 1830.

loi que sa volonté; elle pourrait établir à son gré la république ou la monarchie; et la nation de telle autre époque; que dis-je! la nation de toutes les époques postérieures à la Constitution se verrait enchaînée comme une esclave à la forme de gouvernement qu'elle aurait reçue de la génération législatrice!

Ainsi, nous, brillante génération de 1830, heureux et mille fois heureux de l'ignorance ou de l'incurie de nos pères, nous nous trouverions placés dans le grand siècle de l'enfantement des Constitutions; nous serions spécialement investis du droit de créer *des légitimités* auxquelles nos enfans seraient obligés de rester fidèles! Tout pouvoir constituant s'éteindrait en nous, et toute tentative semblable à celle qui était pour nous l'exercice d'un droit légitime, deviendrait pour nos successeurs une usurpation criminelle!

Voilà cependant à quelles inepties entraîne le pouvoir de la souveraineté du peuple, lorsqu'après l'avoir invoqué pour renverser l'ordre existant, on s'efforce de le mettre hors d'état de renverser l'ordre nouveau.

Mais la vérité se fera jour à travers toutes ces subtilités. Du sein de ce peuple grossier que les doctrinaires *ont fait roi,* sortiront des hommes vrais et conséquens, qui prendront au sérieux les principes inscrits en tête de la nouvelle Constitution, qui sauront faire comprendre au peuple toute l'étendue des droits qu'elle lui confère, et qui s'offriront à lui en assurer la jouissance.

Alors arrivera pour ces superbes contempteurs des vieux et vrais principes de la société, le jour *des pleurs et des grincemens de dents,* le jour du remords et du désespoir. Ils sentiront, mais trop tard, la terrible portée de leurs principes, et tomberont les premières victimes du monstre qu'ils ont déchaîné.

~~~~~~

CHAPITRE VI.

la légitimité.

Nous venons de mettre à nu les redoutables conséquences de la souveraineté du peuple : le droit de propriété aboli, la sûreté individuelle compromise, tout gouvernement impossible.

Il ne faut donc pas s'étonner si, dans les anciens temps, la plupart des législateurs ont cherché à persuader aux peuples que leurs lois leur avaient été dictées par la Divinité elle-même; et si, dans nos temps modernes, les rois, élevés pour ainsi dire au-dessus de la race humaine par l'huile sainte répandue sur leur front, se sont efforcés d'inculquer dans l'esprit des peuples la doctrine du droit divin.

Cette doctrine, si éminemment propre à maintenir la paix dans la société, n'a pas seulement séduit les partisans de l'ordre et du pouvoir; elle a encore rallié à elle, par l'évidence et l'éten-
~~~~~~

due de ses avantages, jusqu'aux esprits les plus prévenus en faveur des droits des peuples.

« Le législateur, dit Rousseau, ne pouvant « employer ni la force ni le raisonnement (pour « faire goûter au peuple les saines maximes de « la politique), *c'est une nécessité* qu'il recoure « à une autorité d'un autre ordre, qui puisse « entraîner sans violence, et persuader sans con- « vaincre.

« Voilà ce qui força de tout temps les pères « des nations de recourir à l'intervention du ciel, « et d'honorer les dieux de leur propre sagesse, « afin que les peuples, soumis aux lois de l'Etat, « comme à celles de la nature, et reconnaissant « le même pouvoir dans la formation de l'homme « et dans celle de la cité, obéissent avec liberté, « et portassent doucement le joug de la félicité « publique (1). »

Après Rousseau, citerai-je M. Boulay de la Meurthe? « L'idée, dit-il, de rattacher à la di- « vine Providence l'existence du gouvernement, « et d'en fonder le maintien sur ses droits éter- « nels, est non seulement très-belle en soi, *mais* « *non moins utile aux peuples qu'à leurs chefs...* « Que cette doctrine soit enseignée aux sujets

—————

(1) *Contrat social*, chap. 7, liv. 2.

« comme le fondement matériel de leur soumis-
« sion à l'autorité qui les gouverne, *c'est une*
« *chose désirable et salutaire* (1). »

Mais, malheureusement, le droit divin, soumis, comme tous les autres droits, au creuset de
la raison humaine, ne trouve plus d'esprit qui
l'adopte, ni de conscience qui s'y croie enchaînée. En vain quelques publicistes, effrayés de
l'esprit de révolte qui s'est emparé de la société,
espèrent arrêter ses progrès en plaçant la volonté
de Dieu entre les peuples et les rois. « Nommez-
nous, leur dit-on, le nouveau Samüel qui a consacré la race de David? Dites-nous quel jour et
dans quel lieu il l'a marqué du sceau de Dieu?
Montrez-nous la montagne sur laquelle le Seigneur est venu nous annoncer le prince qu'il nous
avait choisi, le buisson ardent derrière lequel sa
voix s'est fait entendre? »

A défaut du droit divin, il est indispensable
que le peuple se forme, du gouvernement établi,
une idée quelconque qui le lui rende une chose
sacrée. Il faut qu'il croie, par exemple, que ce
gouvernement est l'expression de la volonté unanime de toutes les générations passées, et la pro-

(1) Supplément à la *Gazette de France* du 19 décembre 1830.

priété des générations futures ; que la génération présente n'en a, pour ainsi dire, que l'usufruit, et ne peut le renverser sans crime envers sa postérité.

Toutes ces croyances, je l'avoue, ne seront encore que d'heureux mensonges ; car, dans la vérité, tout gouvernement puise son origine dans le droit de la force, et n'a d'autre titre au pouvoir que la possession même du pouvoir, consenti plus ou moins positivement par la nation.

Mais, ce qui est également vrai, c'est que tout gouvernement établi n'a plus d'autre intérêt que d'assurer le bonheur de ses sujets et de les faire jouir de toute la liberté compatible avec sa propre existence. Il sera donc toujours disposé à accorder au peuple les institutions successivement nécessaires à ses besoins. Mais s'il arrive que, sans considération pour les efforts de son prince, le peuple se mette en état d'hostilité ouverte contre lui, comme alors et par ce fait seul, *la société morale* se trouve dissoute et remplacée par *la société naturelle*, il s'ensuit que le prince est autorisé, de son côté, à se mettre en état d'hostilité contre le peuple ; et de même que, si la victoire se déclare en faveur du peuple, il y puise le droit de renverser le gouvernement, de même aussi le prince, si la victoire se déclare pour lui, y puise le droit d'enlever au peuple ses anciens priviléges et de le courber sous le joug le plus absolu et le plus dur.

Et alors aussi toute plainte devient ridicule dans la bouche du peuple vaincu; il ne lui reste plus qu'à subir son sort avec résignation. Il a voulu que la force décidât entre son prince et lui; la force a parlé : qu'il se taise. Qu'il se débatte de son mieux sous les pieds du despote; qu'il s'arrange dans la boue pour n'en être écrasé qu'à demi; mais qu'il ne dise pas : C'est affreux! c'est abominable! Qu'il dise au contraire : C'est juste! c'est très-juste! *comme j'ai voulu faire, on me fait.*

Mais c'est ici que les principes de la société morale et religieuse brillent de leur plus vif éclat, et manifestent toute leur supériorité sur ceux de la société naturelle; car, tandis que, d'après les lois de la société naturelle, le peuple vainqueur se livre, contre son prince, à toute la violence de ses ressentimens, poursuit ses plus fidèles serviteurs, détruit son gouvernement, et l'assassine quelquefois lui-même; d'après les lois de la société morale et religieuse, le prince, dans sa victoire même, ne cesse de se considérer comme le représentant et le défenseur de l'ordre établi; et loin de porter la moindre atteinte aux droits anciennement acquis à son peuple, il n'a d'autres soins au contraire que d'écouter ses griefs et de satis- faire à ses justes réclamations.

Les riches qui animent le peuple et le secondent dans sa révolte, ne réfléchissent pas à quoi ils s'exposent; ils ne songent pas que toute révolu- tion, annulant les conventions expresses ou ta- cites qui s'étaient formées entre le prince et ses sujets, remet en question la société tout entière, et rétablit la force dans son droit primitif. Il n'y a plus alors ni bien ni mal sur la terre, plus rien de juste ni d'injuste; il y a un fort qui commande et qui jouit; un faible qui obéit et qui souffre, et voilà tout.

Le peuple qui a pu dire : Je ne veux plus du gouvernement établi, peut dire aussi : Je ne veux plus de rangs, de titres ni de droits d'aucune es- pèce; je ne veux plus rien de ce qui existe; je recommence un ordre nouveau, et je donne, comme à l'origine des choses, la masse entière des biens de la communauté à la masse entière de ses membres.

Les riches n'ont donc pas moins d'intérêt que le prince à soutenir la *légitimité* du gouvernement établi. Que cette légitimité soit fondée sur le droit divin, ou sur le respect des choses consacrées par le temps, ou sur le sentiment général des avantages qui dérivent d'un principe fixe, ou sur la conviction intime des malheurs qu'entraînerait toute autre doctrine, peu importe. Ce qui importe, c'est que le principe de la légitimité existe; que les citoyens se regardent comme obligés de rester fidèles au gouvernement établi, et qu'ils ne se croient de droits que ceux qui leur auront été librement reconnus par ce gouvernement.

La nécessité de s'arrêter au gouvernement établi comme à quelque chose d'irrévocable est tellement essentielle à la société, qu'ainsi que nous l'avons vu, les doctrinaires se sont efforcés d'y ployer le principe même de la souveraineté du peuple, et de faire sortir de ce principe une *quasi-légitimité*, qui n'est que la légitimité greffée sur l'usurpation.

Ne disent-ils pas en effet, comme nous, qu'il arrive un moment où le peuple n'a plus le droit de changer son gouvernement, c'est-à-dire un moment où il n'est plus souverain? Eh bien! si ce moment doit arriver un jour, qu'importe aux générations futures que ce moment soit déjà arrivé, comme nous le soutenons, ou qu'il ne doive arriver que demain, comme le prétendent les doctrinaires?

A entendre les doctrinaires, leur système aurait du moins cet avantage, d'attacher la légitimité *à un acte rationel*, à un ordre de choses établi par le peuple; tandis que nous l'attachons, nous, à un ordre de choses établi par la force.

Nous pourrions soutenir d'abord avec toute raison que, sur ce point même, les doctrinaires se targuent d'un avantage qui ne leur appartient pas, et que leur légitimité s'attache en fait à un ordre de choses, non moins que le nôtre, établi par la force.

Et qui ne sait que le sceau de la force n'est jamais plus profondément empreint que dans ces Constitutions fabriquées au nom du peuple, dans lesquelles ses vœux et ses intérêts sont les choses du monde les moins consultées? Quand on n'aurait d'autres preuves de cette vérité que ce qui s'est passé après la révolution de juillet, cette preuve suffirait pour démontrer que toute Constitution faite après une révolution, est toujours l'œuvre de quelques factieux; jamais celle de la nation.

Mais supposons que la Constitution, déclarée légitime, et mise hors des atteintes du peuple, soit en effet l'expression libre de sa volonté; que fait cette circonstance aux générations futures à qui cette Constitution paraîtrait vicieuse? En sera-t-elle moins contraire aux nouveaux besoins du peuple, pour avoir été une fois en rapport avec ses besoins; et sera-t-il moins dur pour lui de s'y voir enchaîné par une loi irrévocable?

Il n'y a donc aucune différence entre les résultats du principe de la légitimité telle que nous l'entendons, et les résultats du principe de la souveraineté du peuple telle que l'entendent les doctrinaires.

Suivant les doctrinaires, comme suivant nous, le gouvernement établi a droit à la soumission absolue des générations successives du peuple; suivant les doctrinaires, comme suivant nous, il ne peut être attaqué sans crime; enfin, suivant les doctrinaires, comme suivant nous, il ne peut être modifié que d'après le mode qu'il a lui-même déterminé.

Mais ce qui nous distingue des doctrinaires, c'est que nous soutenons que cette même légitimité, qu'ils regardent, ainsi que nous, comme un principe indispensable à l'existence de la société, était irrévocablement acquise à l'ancien gouvernement, par cela seul qu'il était le gouvernement établi et depuis long-temps reconnu par la nation; et que les doctrinaires soutiennent qu'elle n'est acquise qu'au gouvernement qu'ils ont eux-mêmes institué et dont ils se sont assuré tous les avantages.

Et que l'on voie combien nous sommes en cela

plus conséquens que les doctrinaires! Pour établir leur légitimité, ils sont obligés, après avoir
reconnu à une première génération le droit d'instituer son gouvernement, de refuser ce même
droit aux générations suivantes : ce qui constitue
la plus choquante contradiction; tandis que nous,
qui soutenons que la souveraineté n'est pas la conséquence d'un droit, mais seulement l'expression
de la force dominante à chaque époque de la société, nous tirons une conséquence exacte de
notre principe, en ne reconnaissant à aucune
force politique quelconque le droit de s'attribuer
la souveraineté avant de l'avoir effectivement conquise et consolidée dans ses mains.

Ainsi, suivant nous, le gouvernement établi,
et par conséquent souverain, qui se défend
contre l'agression du peuple, n'attente en aucune
manière *aux droits du peuple;* il ne fait que repousser *par la force* une *force* qui vient l'assaillir;
lorsqu'au contraire, d'après le système des doctrinaires, système suivant lequel la souveraineté réside dans le peuple *en sa qualité de peuple,* et
réside par conséquent dans le peuple de toutes
les époques, le gouvernement qui résiste à la volonté du peuple, ou à ce qui est censé l'expression de sa volonté, commet un acte de haute-tra-
hison, et encourt la peine établie contre ce crime.

On me presse, et l'on me dit : « Vous reconnaissez donc la souveraineté dans le peuple, quand il s'est une fois emparé du pouvoir? » Oui, sans doute, je la reconnais *en fait,* mais non *en droit;* c'est un résultat éventuel du droit de la force. Mais comme de toutes les forces politiques par lesquelles la souveraineté peut être conquise, celle du peuple est la plus redoutable, je fais alors des vœux ardens pour qu'il s'élève contre le peuple quelque force nouvelle, fût-ce même celle du plus terrible despote, qui lui arrache la souveraineté et le réduise à l'état de sujet; état dans lequel il doit demeurer, pour qu'il y ait un ordre possible dans le monde.

CHAPITRE VII.

Des droits résultant de la propriété,
et particulièrement du droit de résistance.

Ici se présentent deux graves questions, qui semblent ébranler tout le système de la légitimité :

Le prince, investi dans l'origine du pouvoir absolu, est-il libre de refuser à ses peuples tous droits quelconques ayant pour objet de limiter ce pouvoir ?

Après leur avoir conféré certains droits, lui sera-t-il permis de les leur retirer ?

Examinons d'abord comment les peuples sont insensiblement conduits à vouloir entrer en partage du pouvoir.

A mesure que le gouvernement s'affermit, et que la distribution, quelle qu'elle soit, qu'il a faite de la propriété, s'introduit dans les mœurs, le principe du droit naturel de la force s'efface graduellement de la mémoire des citoyens pour faire place à une nouvelle sorte de droit qui se forme pièce à pièce des conséquences mêmes du droit de propriété, et qui finit par entrer si avant dans la raison publique, que les peuples le considèrent bientôt comme un droit inhérent à la qualité d'homme, et qui ne peut leur être dénié sans injure.

Les conséquences du droit de propriété sont à la fois morales et matérielles.

Commençons par ses conséquences morales.

Lorsque chaque citoyen jouit du droit illimité d'acquérir, il ne peut tarder à s'élever dans l'Etat des fortunes considérables, qui placent leurs possesseurs sur un premier pied d'égalité avec les grands propriétaires, et qui, donnant aux familles nouvelles les moyens de se procurer le même degré d'instruction, leur inspirent bientôt le désir de faire disparaître les dernières nuances qui les séparent encore des anciennes familles, en partageant avec elles les honneurs et les dignités dont celles-ci sont en possession.

Cet esprit d'égalité descend des classes moyennes aux classes inférieures, par l'exacte distribution de la justice entre tous les citoyens. De quelque privilége qu'un citoyen soit revêtu, il est bien difficile de ne pas voir un égal dans l'homme soumis aux mêmes lois; et quand une fois la masse a senti l'avantage de se trouver devant la justice sur la même ligne que les privilégiés, il est bien difficile encore qu'elle ne désire pas se maintenir sur cette même ligne d'égalité dans la jouissance des droits politiques.

Enfin, lorsque la société n'est plus régie seulement par la force, mais qu'elle l'est encore par des règles puisées dans l'intérêt de tous; et lorsque, pour démêler cet intérêt au milieu des nombreux rapports qui tantôt unissent et tantôt séparent les diverses conditions, le gouvernement est obligé de recourir aux lumières des esprits les plus exercés, il est impossible que ces esprits supérieurs ne se considèrent pas comme les véritables sommités de la société, et comme appelés aux premières dignités de l'Etat.

Ainsi, la faculté illimitée d'acquérir et l'impartialité de la justice font naître insensiblement dans l'esprit des peuples un premier sentiment d'égalité qui a besoin d'être satisfait.

Passons aux conséquences matérielles du droit de propriété.

La première, c'est que tout impôt étant un prélèvement sur la propriété, le gouvernement ne peut, sans se mettre en contradiction avec le droit de propriété, établir aucun impôt qui n'ait pour objet l'intérêt même de la propriété.

Et la seconde, qui n'est qu'une conséquence de la première, c'est qu'aux propriétaires seuls appartient le droit d'apprécier la nécessité de l'impôt, d'en déterminer la quotité et d'en vérifier l'emploi.

De là à cette foule de droits conciliables ou non conciliables avec le pouvoir établi; au droit de coopérer à la formation de la loi, au droit de contrôle sur tous les actes de l'administration; à la liberté individuelle, à la liberté de conscience, à la liberté d'association, à la liberté d'enseignement, au droit de paix et de guerre, au droit même d'administrer, la pente est tellement rapide, qu'une fois que l'on se trouve placé sur cette pente on n'est plus maître de s'arrêter. Tous ces droits s'enchaînent l'un à l'autre; ils s'expliquent tous par l'intérêt de la propriété, qui est lui-même le but de la société : et quand l'un de ces droits a fait l'objet d'une première réclamation de la part des propriétaires, il est presqu'impossible, par suite de leur connexité, que les autres ne fassent bientôt l'objet de réclamations postérieures.

D'un autre côté, tout pouvoir absolu s'efforce toujours de rester absolu; ainsi le veut la nature, qui a inspiré à l'homme l'amour de la domination. Aussi long-temps qu'un prince trouvera dans les convictions de ses sujets, ou dans l'intérêt des plus puissans d'entre eux, des moyens de résistance contre les plus justes prétentions du peuple, il ne faut pas s'attendre qu'il consente jamais à se dessaisir de la moindre parcelle de son autorité. Mais quand la portion de la nation qui veut entrer en partage du pouvoir se trouve évidemment plus forte que celle qui veut maintenir l'ancien état des choses, il faut bien que le prince se relâche de la rigueur de son droit, et qu'il transige avec ses sujets.

Tout peuple est donc assuré d'obtenir, avec le temps, les libertés dont le progrès de ses mœurs lui fera un véritable besoin. Sans doute le prince défendra son pouvoir avec opiniâtreté : d'abord, parce qu'il devra le regarder comme son droit et son patrimoine; ensuite, parce qu'il voudra s'assurer si les réclamations qui lui sont adressées sont en effet le vœu de la majorité de la nation; et enfin, parce qu'il aura toujours à craindre les nouvelles exigences auxquelles une première concession pourra donner lieu. Mais comme, en définitive, il reconnaîtra l'impossibilité de résister à l'opinion publique quand elle est réellement l'expression des mœurs existantes, il cédera successivement et inévitablement à toute prétention soutenue par la menace d'un soulèvement général contre son autorité.

Toutefois, si le peuple se plaçait hors des conditions de l'ordre établi, et s'il réclamait des institutions incompatibles avec le principe même du gouvernement, le prince n'aurait plus à choisir qu'entre la résistance et une honteuse retraite. Attaqué dans ses prérogatives vitales, son épée devient alors son unique ressource. Quelques principes que ses sujets puissent invoquer contre lui, son droit est aussi un principe qu'il a raison de défendre ; c'est un bien consacré par le temps, comme toutes les autres propriétés, et qu'il ne doit rendre qu'à la force, de laquelle il l'a reçu.

Tout ce qu'un peuple peut exiger du prince le plus prodigue de ses propres droits, c'est qu'il consente à opérer dans la forme du gouvernement les modifications compatibles avec la nature de ce gouvernement. Mais si le peuple en veut à l'autorité même du prince, s'il exige qu'il descende du trône, il doit aussi trouver bon que le prince s'y cramponne de toutes ses forces, et qu'il cherche à s'y maintenir, au risque de tous les malheurs que sa résistance pourrait entraîner.

Supposons maintenant que le prince ait conféré certains droits à son peuple, et les ait ensuite violés.

Je ne nierai pas qu'alors le peuple ne se trouve placé à son tour dans le droit de légitime défense. Le serment fait par le prince de maintenir les droits du peuple, ne saurait être une vaine formalité; et lorsque l'engagement du prince, qui faisait la condition de l'engagement de ses sujets, a été transgressé par lui, sur quel fondement pourrait-il encore exiger l'obéissance du peuple ?

Toutefois, le droit du peuple de résister à main armée aux usurpations de son prince, ou le droit de l'expulser du trône en punition de ses attentats, sont des droits dont il ne doit être permis au peuple de faire usage qu'à la dernière extrémité, en ce qu'ils peuvent entraîner les plus grands abus et les plus épouvantables désastres. « Car, « si la révolte est une fois permise, dit Fénélon, « il n'y a plus de point fixe pour arrêter l'extra- « vagance de l'esprit humain. Si le peuple peut « se révolter aujourd'hui pour quelque principe « que ce soit, il prétendra trouver demain des « raisons semblables pour se révolter de nou- « veau. »

Ainsi, en admettant que le droit de résistance soit légitime et nécessaire en soi, la légitimité du pouvoir doit encore être conservée toutes les fois qu'elle peut l'être sans compromettre à l'avenir les libertés de la nation. Elle doit être conservée, d'abord parce que le droit de légitime défense ne donne d'autre droit au peuple que celui de rétablir ses libertés sur le pied où elles se trouvaient avant les entreprises de la couronne; et, en second lieu, parce qu'il est de la plus haute importance, pour le maintien de la propriété, que le peuple, entré dans l'exercice de la souveraineté, ne fasse usage que le moins possible de ce redoutable pouvoir.

La violation des droits du peuple par le gouvernement établi, ne doit donc pas affranchir entièrement le peuple des liens qui l'unissent à ce gouvernement, mais seulement l'autoriser à faire à la Constitution les changemens nécessaires au rétablissement et à la garantie de ses libertés.

Au delà de cette limite, le peuple sort de la voie de la justice sociale pour rentrer dans le droit de la force; et alors, tout ce qui existe est remis en question.

CHAPITRE VIII.

De la nécessité, pour tout gouvernement, de s'appuyer
sur des intérêts spéciaux.

Aussitôt qu'un gouvernement est institué, il
devient l'objet de l'un ou de l'autre de ces deux
genres d'attaque :

Ou l'on conteste le principe sur lequel il
s'appuie pour exiger l'obéissance des peuples;

Ou l'on allègue qu'il ne réalise pas les conséquences de ce principe.

Or, comme, d'une part, il n'est aucun principe de gouvernement dont l'excellence puisse
être mathématiquement démontrée; et que, d'autre part, il n'existe pas de juges entre le prince
et ses sujets, rien n'est plus aisé que de soulever les
passions des peuples, soit contre le mode spécial
de gouvernement qui le régit, soit contre les actes de ce gouvernement.

A ces dangers, déjà si grands par eux-mèmes,

et résultant de l'absence de toute vérité positive en matière politique, s'il faut ajouter encore ceux qui dérivent, pour tout gouvernement, de cette foule de mécontens, d'agitateurs et d'ambitieux qui n'ont d'autre espoir de fortune que le bouleversement de toutes choses, et de cette autre foule, non moins considérable, d'esprits inquiets et aventureux qui aiment le désordre pour le désordre, et le fomentent sans relâche comme sans but, on sera forcé de reconnaître qu'il n'est pas de gouvernement qui, dès le moment même de son origine, ne doive être en butte à la coalition de mille intérêts divers qui s'attachent à le renverser.

Il est donc évident que pas un système politique ne saurait se soutenir par lui-même, et que tout gouvernement a besoin d'être appuyé sur un corps de citoyens spécialement attachés à sa conservation et à la défense de ses institutions.

Maintenant, par quelle nature de lien un corps de citoyens peut-il être effectivement attaché à une forme spéciale de gouvernement?

Cette question revient à celle-ci : Quel motif agit le plus puissamment et le plus constamment sur le cœur humain? Tous les moralistes ont déjà répondu : c'est l'intérêt personnel.

Oui, sans doute. L'intérêt est le premier mo-

bile des passions des hommes, la plus solide garantie de leur fidélité. Eh! sur quelle autre base
placerez-vous le pouvoir? Sera-ce sur la raison
publique, sur la reconnaissance, sur le patriotisme? Chimères que tout cela! sentimens fugi-
tifs d'une époque, d'un jour, d'un moment! Effet du magnétisme animal et de l'action des
hommes les uns sur les autres! L'intérêt est le
seul sentiment qui ne s'altère jamais; le seul qui
soit dans les fils ce qu'il était dans les pères; le
seul enfin qui offre toujours au pouvoir le même
dévouement, le même appui, les mêmes sacrifices.

C'est sur l'*intérêt* du crime que la Convention
avait fondé son exécrable domination (1). C'est
sur les intérêts matériels de la révolution que
Bonaparte avait fondé sa dynastie. Rien n'attache,
rien ne dure que ce qui repose sur un intérêt.
C'est sur l'*intérêt* du plaisir que la nature elle-
même a fondé la perpétuité des espèces.

Hors du cercle des intérêts positifs, il n'y a
plus, pour tout gouvernement, que doutes et vicissitudes. Il ne saura jamais ni s'il vit, ni s'il
meurt. L'appui qu'il trouvera aujourd'hui lui sera

______

(1) Louis XVI n'a été assassiné que pour créer des intérêts révolutionnaires.

refusé demain. Tantôt il se verra l'objet du plus vif enthousiasme, tantôt il sera haï, méprisé, et attaqué avec la plus extrême violence. Il ne peut trouver de stabilité que dans les intérêts qu'il a créés et qui doivent vivre et mourir avec lui.

Tout l'art du gouvernement consiste à mettre chaque citoyen dans une position telle, qu'il fasse le bien général en n'obéissant qu'à la loi de son intérêt particulier.

Mais, dira-t-on, si le gouvernement est fondé sur des intérêts permanens, et par conséquent obstinés et invariables, il ne restera plus au peuple aucun moyen d'introduire dans la Constitution de l'Etat les modifications qu'exigeront les changemens survenus dans les mœurs?

Que va-t-on se troubler de pareils soins? Qui ne sait que, lorsque de nouvelles institutions sont réclamées par les besoins réels de la société, il n'y a pas de force humaine qui puisse empêcher qu'elles ne s'établissent? Le pouvoir résidât-il tout entier dans une classe de citoyens intéressés à le maintenir dans sa forme primitive, il faudrait encore qu'il subît les modifications exigées par l'état actuel et vrai de la civilisation. Tout ce que peut faire le gouvernement le plus fortement uni dans toutes ses parties, c'est de lutter plus ou moins long-temps contre l'opinion publique, et de s'assurer ainsi qu'elle veut en effet ce qu'elle paraît vouloir. Mais dès que l'opinion publique se montre unanime et invariable dans ses vœux, il faut nécessairement satisfaire à ses exigences. Aucun peuple ne sera donc jamais arrêté par l'organisation particulière de son gouvernement, dans le développement des institutions indispensables à ses besoins; d'où il suit que le gouvernement peut, sans nuire aux intérêts du peuple, s'entourer des précautions les plus propres à assurer sa stabilité; c'est - à - dire créer des situations sociales intéressées à sa conservation.

Il serait vraiment bien étrange, pour ne rien dire de plus, qu'au moment où le législateur établit un mode de gouvernement, il ne s'occupât que du cas où la nation concevrait un jour la pensée de le renverser; et qu'au lieu de chercher les institutions les mieux faites pour l'affermir, il mît tous ses soins à aplanir la voie aux novateurs!

Il y a, dans les doctrines du jour, une niaiserie qui confond.

Mais quelle nature d'intérêts devra offrir le plus solide appui au gouvernement établi?

La solution de cette question dépend principalement de la forme particulière de ce gouvernement, et quelquefois aussi des circonstances au milieu desquelles il est né. C'est à chaque gouvernement à savoir distinguer, tant sous le rapport des choses que sous celui des personnes, les intérêts qui sont de nature à s'unir intimement à lui, et à investir ensuite ces intérêts de toute la portion de pouvoir qu'il ne peut conserver pour lui-même. La théorie n'offre point de règles qui puissent guider dans un pareil choix; la seule chose qu'elle enseigne, c'est qu'il n'y a point de gouvernement durable là où il n'y a pas d'intérêts attachés à sa conservation.

~~~~~~

CHAPITRE IX.

**De la liberté de la presse périodique,
considérée dans ses rapports avec le droit de propriété
et l'existence de la société.**

TOUTE société doit donc avoir nécessairement
une religion d'Etat, un pouvoir considéré comme
légitime, une classe de citoyens plus particulièrement appelée aux fonctions publiques. Comment
l'ordre et la paix se maintiendront-ils à côté de
ces principes absolus, et au milieu des haines
causées et entretenues par l'inégale distribution
des richesses?

C'est une erreur commune aux classes élevées,
erreur que l'intérêt de leur repos entretient avec
complaisance, que la croyance où elles sont que
les pauvres acceptent sans murmure et comme
une chose juste et nécessaire, la rigoureuse condition que la société leur a faite. Ils la suppor-
tent sans doute, parce que les circonstances ne
~~~~~~

sont pas toujours propres à une révolution, et que la force publique n'est pas toujours frappée d'inertie devant les masses soulevées. Mais dans le secret de leurs cœurs, les pauvres nourrissent contre les classes investies du pouvoir et des richesses, des ressentimens implacables, et se tiennent prêts pour la vengeance.

« Nous avons pour les grands et pour les gens « en place, dit La Bruyère, une jalousie stérile « ou une haine impuissante qui ne nous venge « point de leur splendeur ou de leur élévation, « et qui ne fait qu'ajouter à nos propres misères « le poids insupportable du bonheur d'autrui. »

Combien donc cette haine naturelle ne deviendra-t-elle point plus profonde, lorsqu'au lieu d'être adoucie par la religion ou par le sentiment des avantages qui résultent pour l'ordre public de la hiérarchie sociale, elle est chaque jour irritée par les déclamations les plus violentes contre les dépositaires du pouvoir, et honorée du nom pompeux d'amour pour la liberté?

Sans cesse occupée à remuer la lie de la société, la presse périodique est un obstacle continuel à ce qu'aucune situation s'affermisse, à ce qu'aucune idée d'ordre puisse s'établir dans les esprits. Son intérêt est de remettre chaque jour en problème tous les principes du gouvernement：

de faire naître partout des alarmes, afin de devenir elle-même un premier besoin, et de présenter des illusions à toutes les passions honteuses qui s'agitent dans l'Etat.

Sous prétexte de ramener le gouvernement à sa destination primitive, et de conquérir aux peuples la jouissance de leurs droits naturels, la presse périodique jette la société dans le plus déplorable désordre. Comme il n'est pas de gouvernement qui puisse être fondé sur les principes de l'équité naturelle, parce que ces principes, en même temps qu'ils entraîneraient l'égalité des droits et des conditions, entraîneraient aussi l'égalité des biens et par conséquent la dissolution de la société, aucun gouvernement ne peut éviter de donner une large prise aux attaques de la presse, ni d'être présenté par elle comme un ordre de choses monstrueux, et attentatoire aux droits du peuple.

Tout système politique quelconque doit donc succomber tôt ou tard sous les attaques répétées de la presse périodique.

Eh! comment un pouvoir pourrait-il résister à la dénégation constante du principe qui le constitue, au mépris déversé chaque jour sur tous ses actes, aux éloges sans cesse prodigués à une autre forme de gouvernement? Comment pourrait-il résister aux argumens tirés contre lui du prétendu droit des peuples, lorsqu'il est obligé de rester placé dans *la raison relative,* et que la presse a l'avantage de se placer toujours dans *la raison absolue?*

La presse, semblable à la lance d'Achille, guérit, dit-on, les blessures qu'elle fait. Comparaison plus ingénieuse qu'exacte! Quand a-t-on vu les passions soulevées par la presse se calmer à la voix de la presse?

Essayez de démontrer à un marchand, à un praticien, à un petit propriétaire, qu'un gouvernement, quel qu'il soit, ne peut s'établir d'une manière durable qu'autant qu'il s'appuie sur un ordre de citoyens matériellement intéressés au mode spécial de son organisation; qu'autrement il est exposé à toutes les vicissitudes de l'opinion publique, à toutes les passions des hommes qui exercent un empire actuel sur les masses; ce marchand, ce praticien, ce petit propriétaire, ou ne vous comprendront pas, ou ne voudront pas vous comprendre. Mais dites-leur que, tous les hommes étant égaux, il ne doit exister entre eux d'autre distinction que celle des lumières; dites-leur qu'un citoyen ne doit reconnaître d'autre supériorité sociale que celle du magistrat; dites-leur enfin que, tout gouvernement n'étant constitué que dans l'intérêt public, il doit toujours être permis au peuple de changer le gouvernement existant toutes les fois qu'il croira pouvoir le remplacer par un meilleur gouvernement; concluez de tous ces principes qu'un roi héréditaire, des titres héréditaires, des magistratures héréditaires, sont des institutions surannées, entachées de féodalité et indignes d'un peuple éclairé; et ces hommes, suspendus à votre bouche, vous écouteront avec ravissement; vos paroles descendront dans leur cœur comme une douce rosée; elles le rempliront des plus séduisantes espérances, et bientôt ils ne rêveront plus que l'ineffable bonheur de la république.

Au reste, ce n'est plus aujourd'hui telle forme de gouvernement plutôt que telle autre qui se trouve menacée par la presse périodique; c'est l'ordre social tout entier. Il ne s'agit déjà plus pour elle, comme aux premiers jours de son émancipation, d'affranchir le peuple de l'oppression des grands; de lui conquérir certains droits, et de le faire entrer en participation du pouvoir. Il s'agit de réédifier la société sur un nouveau plan. Sur quel plan? Les révolutionnaires l'ignorent eux-mêmes. Dans cette foule de réformateurs de toutes les nuances, qui fondent, la hache à la main, sur nos vieilles institutions, il n'en est pas deux qui s'accordent sur ce qu'ils mettront à la place. Ils ne s'entendent que pour détruire. Ils l'ont dit, et le répètent chaque jour : Rien de ce que nous avons jusqu'ici respecté ne doit rester debout. Gouvernement, lois, religion, mœurs, principes, famille : tout est condamné à périr; tout, absolument tout.

Ce ne sont pas seulement les vieilles croyances de la France qu'ils poursuivent; c'est la raison de tous les âges et de tous les lieux. « Jusqu'aujourd'hui, s'écrient-ils avec une inconcevable audace, les vrais élémens de l'ordre social sont restés inconnus à l'homme ; à nous seuls il a été donné de les découvrir. Tout va désormais rentrer dans l'ordre de la nature et de la vérité. L'égalité des conditions et la suppression du droit d'hérédité changeront la face du monde. »

Ces promesses audacieuses enflamment l'imagination des classes inférieures, et les remplissent d'ardentes illusions. Les yeux fixés sur l'avenir, elles avalent à longs traits le poison qui leur est présenté. Elles brûlent de dépouiller le vieux peuple, et de s'élancer dans la vie nouvelle.

Mais sans aller chercher des dangers que l'on traitera d'imaginaires, et, pour ne parler que des malheurs présentement enfantés par la presse périodique, qui ne voit le chaos dans lequel elle a jeté la société?

Ce doute affreux qu'elle a répandu sur les droits les mieux établis, n'est encore qu'un de ses moins funestes résultats. Initiée qu'elle est dans le secret de sa puissance, elle élève aujourd'hui, au sein de chaque Etat, gouvernement contre gouvernement. Elle a divisé les citoyens; que dis-je! elle a divisé l'Europe entière en une foule d'associations particulières ayant chacune sa Constitution, ses chefs, ses agens, sa correspondance, son trésor. Ces associations se lient entre elles par des traités, s'envoient des ambassadeurs, se soutiennent mutuellement par des secours d'hommes et d'argent. Il n'y a plus nulle part de gouvernement général; les autorités légitimes sont méconnues; chaque citoyen ne veut obéir qu'à la société dont il est membre et au chef qu'il s'est choisi.

Voilà l'état de choses créé par la presse périodique! Voilà où quelques écrivains, habiles à caresser les faiblesses de la multitude, ont conduit la société! Quel épouvantable désordre! quel inextricable chaos!

La liberté de publier ses opinions est, dit-on, un droit naturel. Mais la liberté d'*afficher* ses opinions, la liberté de les émettre dans un club, la liberté de s'associer, la liberté de haranguer le peuple sur la place publique, la liberté d'enseignement, l'indépendance religieuse, ne sont-ce pas aussi des droits naturels? Pourquoi donc avez-vous interdit au peuple l'exercice de ces droits, tout naturels qu'ils soient, si vous vous croyez obligés de maintenir dans toute son étendue la liberté de la presse périodique? ou pourquoi ne modifieriez-vous pas la liberté de la presse périodique, si vous croyez que l'intérêt de la société suffit pour vous autoriser à interdire au peuple l'exercice de tant d'autres droits?

Eh quoi! n'est-il plus de bon sens dans le monde? n'est-il plus de mesure commune à laquelle on puisse apprécier les actions des hommes, celles du peuple et celles du prince? Comment! nous voulons avoir un gouvernement, et nous exigerons qu'il soit assez stupide, assez ennemi de lui-même pour souffrir qu'on sape chaque jour les principes sur lesquels il s'appuie? Qu'est-ce donc que la sagesse, la fermeté, le droit de légitime défense? N'y a-t-il plus rien de vrai sur rien?

Faites des lois, dira-t-on, faites des *lois de fer* contre les excès de la presse, et, sans porter atteinte à la liberté, vous aurez mis la société à l'abri des fausses doctrines et des provocations à la révolte. Mais quelles digues peut-on élever contre un pareil torrent? Depuis quinze ans n'a-t-on pas épuisé vainement contre la presse périodique tous les systèmes de répression? Ne l'a-t-on pas soumise alternativement à des peines graves et modérées, à des juridictions sévères et indulgentes? La presse a triomphé de tous les efforts du législateur; elle a renversé la Charte et la royauté. Elle renverserait le monde, si le destin du monde était au pouvoir des hommes.

Cependant, sans la liberté de la presse périodique, il n'existe pas de liberté réelle; sans la liberté de la presse, la plainte est dépouillée de toute sa puissance; et le faible, sans appui contre ses oppresseurs, retombe de nouveau sous la dépendance du fort.

Que faire entre ces deux nécessités également pressantes?

Il faut trouver pour la presse périodique un mode de surveillance qui satisfasse à la fois aux besoins de l'ordre et à ceux de la liberté. Toute la question de la presse se réduit à ce dernier point. Que l'on me donne un censeur, dira tout homme sage, et j'accorderai la censure.

Oui, *un censeur* est la chose du monde la plus difficile *à donner :* car il ne peut y avoir de censeur que dans une société définitivement constituée, et ayant, sur tous les points, des doctrines arrêtées, que là aussi où il se trouve un corps dans les lumières et la probité duquel la société ait assez de confiance pour en faire à la fois le dépositaire et l'oracle de la vérité politique. Or, chez quel peuple existe-t-il aujourd'hui une vérité politique? chez quel peuple existe-t-il des hommes en état de la comprendre et de la faire comprendre aux autres?

Comme il faut cependant que la société vive, et comme, dans l'état actuel des esprits, la société ne peut vivre ni avec la liberté de la presse, ni sans la liberté de la presse, il en résulte qu'elle ne peut vivre qu'avec une censure sagement administrée. Il faut donc chercher dans les élémens de chaque gouvernement le mode de censure le plus propre à préserver tout à la fois le pouvoir et la presse des suites funestes de leur mutuelle antipathie. Nous développerons tout à l'heure notre pensée sur ce point, lorsque nous ferons à la France l'application des principes que nous venons d'exposer.

CHAPITRE X.

Résumé.

Il résulte de ce que nous avons dit dans les chapitres précédens, qu'un gouvernement, quel qu'il soit, ne peut être établi d'une manière durable,

1° Qu'autant qu'il reconnaît une religion d'État;

2° Qu'autant que la souveraineté est établie, non dans le peuple, mais dans le pouvoir même, tel qu'il est institué par la Constitution du pays;

3° Qu'autant que le pouvoir est appuyé sur une classe de citoyens personnellement intéressés à le maintenir;

4° Qu'autant enfin que la liberté de la presse périodique est soumise à une sage surveillance.

Appliquons ces principes au mode de gouvernement le plus conforme à la situation actuelle de la France.

LIVRE III.

DU MODE DE GOUVERNEMENT LE PLUS CONFORME AUX MŒURS ET AUX INTÉRÊTS DE LA FRANCE.

—

CHAPITRE PREMIER.

Objet du présent livre.

La France est livrée au doute, et par conséquent à l'anarchie. Deux systèmes s'y disputent le pouvoir : la république et la monarchie. Examinons quels seraient pour la France les résultats de ces deux modes de gouvernement.

CHAPITRE II.

De l'esprit républicain.

L'ESPRIT républicain prend sa source moins encore dans l'amour de l'égalité que dans l'amour du pouvoir.

Et en effet, sous le rapport de l'égalité proprement dite, la condition du peuple et celle de la bourgeoisie ne diffèrent presque en rien sous un gouvernement républicain, de ce qu'elles sont l'une et l'autre sous un gouvernement monarchique. Dans chacun de ces systèmes, les hommes du peuple et les bourgeois sont soumis à de certaines démarcations de classes auxquelles il leur est impossible d'échapper. Les premiers se voient forcés de reconnaître des supérieurs dans les citoyens qui ont sur eux l'avantage de la fortune et de l'éducation; et les seconds, dans les familles illustrées par les armes ou par la possession des hauts emplois publics.

Mais il en est tout autrement sous le rapport du pouvoir ; et quoique le plus souvent les droits conférés aux masses par les différens modes de gouvernement républicain, ne soient que des droits illusoires, ils donnent cependant à ceux qui sont appelés à les exercer une haute opinion de leur importance personnelle, opinion qui devient pour eux la source d'une jouissance réelle, et qui leur adoucit les inégalités toujours subsistantes de la société.

Lorsque l'amour du pouvoir s'est emparé du peuple, il produit la *république populaire*.

Lorsqu'il s'est emparé seulement de la bourgeoisie, et que le peuple continue à se considérer comme fait pour obéir, l'amour du pouvoir produit *la république bourgeoise*.

Enfin, lorsque le peuple et la bourgeoisie n'ayant point encore osé aspirer au gouvernement, l'amour du pouvoir n'a atteint que les grandes familles, il produit *la république aristocratique*.

Suivons les conséquences de ces diverses espèces de gouvernement républicain.

CHAPITRE III.

De la république populaire.

La république populaire ne constitue pas, à proprement parler, un mode de gouvernement; c'est un ordre de choses dans lequel la force brutale est affranchie de la crainte de toute autre force, et livrée à toute sa fureur.

Dans toute autre organisation politique, le pouvoir trouve en face de lui une force menaçante, celle du peuple, qui l'oblige à se renfermer dans de certaines limites. Mais lorsque le pouvoir est placé dans le peuple lui-même, c'est-à-dire dans une force en présence de laquelle toutes les autres forces ne sont rien, alors il peut se porter impunément à tous les excès, aux plus épouvantables extravagances. L'Etat est à sa merci.

Le propre d'un pareil pouvoir est de n'être soumis à aucune règle; car n'ayant aucune résistance à craindre, il faudrait, pour qu'il consentît à s'imposer des bornes, ou qu'il existât en lui une modération étrangère à l'homme, ou qu'il existât pour l'espèce humaine une grande et universelle vérité politique qu'elle se sentît l'impérieux besoin de réaliser.

Or, comme en matière de gouvernement il n'y a rien de vrai ni rien d'évident en soi, il s'ensuit qu'il n'y a rien non plus sur quoi le peuple ne puisse chaque jour changer d'opinion, et rien qui, établi aujourd'hui, ne puisse être renversé demain.

L'état de choses institué par la république populaire est donc un état de choses nécessairement précaire et transitoire, où tout ce qui existe est toujours en question, et dans lequel non seulement les droits et les rangs établis par la Constitution, mais encore la propriété, ne peuvent être assurés pour un laps de temps, si court qu'il soit.

Aussi n'y a-t-il, dans ce genre de gouvernement, qu'un seul mode de gouvernement *rationnel*, celui d'une assemblée unique, nommée directement par le peuple et investie d'un pouvoir absolu. Plus cette assemblée sera passionnée, impétueuse, féroce, et plus elle sera peuple, mieux elle répondra au principe qu'elle est destinée à réaliser; car le peuple ne régnerait pas en effet, mais quelques bourgeois en sa place, là où sa volonté aurait des organes qui en modifieraient l'expression.

Voilà la société telle qu'elle résulte du pouvoir du peuple. C'est la liberté, dira-t-on; c'est le gouvernement de la nature; c'est le bonheur du plus grand nombre. Non; c'est le chaos, c'est l'enfer; c'est une guerre à mort entre les riches et les pauvres, entre les pauvres devenus riches par le sang, et les pauvres restés pauvres malgré le sang. C'est une série non interrompue de meurtres et de pillages; c'est l'anéantissement complet de l'ordre social.

Au reste, il n'y a point, à vrai dire, de république populaire. On a vu quelquefois le peuple secouer le joug salutaire des lois, s'emparer violemment du pouvoir, se choisir d'abominables chefs et se précipiter en furieux sur toutes les classes élevées, sur tous les pouvoirs établis. Mais cette rage calmée, tout a toujours fini par rentrer dans l'ordre ordinaire, parce que l'homme a été créé pour la société, et qu'il lui est impossible de se soustraire pour long-temps à ses lois. En vain l'on aura détruit pièce à pièce tous les élémens dont se compose l'ordre social; en vain l'on aura confondu toutes les conditions, tous les rangs, tous les droits; il faudra toujours qu'il sorte de cet amas de ruines un peuple, des bourgeois, des notables. Quelques hommes du peuple seront devenus bourgeois; quelques bourgeois seront devenus notables; quelques notables auront été jetés çà et là dans la classe du peuple ou des bourgeois : voilà à quoi auront abouti en définitive tous les excès commis, tout le sang répandu. La masse de la nation sera restée ce qu'elle était; et le pouvoir, arraché au peuple par la seule impossibilité qu'il le conserve, tombera, suivant les circonstances, entre les mains d'un soldat illustre, ou dans celles des bourgeois. Alors s'établira ou le despotisme, ou la république bourgeoise.

CHAPITRE IV.

De la république bourgeoise.

LE vice radical de la république bourgeoise, c'est la nécessité où elle est de s'appuyer sur le principe de la souveraineté du peuple, et de rester soumise aux redoutables conséquences de ce principe.

A quel titre, en effet, la bourgeoisie pourrait-elle prétendre au pouvoir, si ce n'est comme formant la partie la plus éclairée du peuple, et par conséquent la plus propre à le représenter dans l'exercice de ses droits?

Force est donc à la bourgeoisie de proclamer le principe de la souveraineté du peuple. Or, une fois ce principe admis, comment empêcher le peuple de revendiquer lui-même le pouvoir, et d'en faire ensuite le plus déplorable abus?

Aussi est - ce en vain que la bourgeoisie prétend s'établir à la tête du gouvernement et s'attribuer exclusivement le bénéfice du principe de la souveraineté du peuple. Du sein des classes obscures déshéritées par la Constitution, s'élanceront bientôt des hommes d'une âpre et vigoureuse logique, qui, prenant en main les intérêts du peuple opprimé, l'exciteront à se mettre en possession de ses droits. Dévorés de la même haine contre la bourgeoisie que celle-ci portait à la noblesse, ces hommes s'efforceront de la rabaisser au niveau du peuple, de même qu'elle a rabaissé à son niveau les classes qui s'élevaient au-dessus d'elle. Ils la poursuivront sans relâche, comme constituant une nouvelle et ridicule aristocratie ; et poussant les conséquences de l'égalité jusqu'à leurs dernières limites, ils présenteront au peuple les droits d'hérédité et de propriété comme aussi contraires à la raison et à la justice que les priviléges de la noblesse.

Le peuple ne rêvera plus alors que le partage des terres et le bonheur d'une communauté générale de biens et de travaux. On le verra quitter ses ateliers, courir sus à l'ordre établi, et ne plus laisser aux droits acquis aucun moment de repos. Il faudra que la bourgeoisie soit continuellement sous les armes ; qu'elle parcourre les villes et les campagnes ; qu'elle entretienne de grandes armées, non contre l'étranger, mais contre le peuple, devenu son ennemi mortel. Plus de sécurité, plus de lendemain pour personne. La vie ordinaire, ce sera la guerre; la pensée de chaque jour, ce sera le pillage, l'incendie et l'assassinat.

Mais admettons qu'à force d'union, de courage et de fermeté, et à l'aide d'une armée dévouée, la bourgeoisie réussisse à maintenir le peuple dans l'obéissance, et à lui enlever tout espoir d'entrer en participation du gouvernement; que devra-t-il arriver de la république bourgeoise, par le fait même des bourgeois?

Dans le nombre de ces bourgeois, il s'en trouvera nécessairement de plus influens par leur fortune ou par leurs talens; et le même ordre d'idées qui aura porté les bourgeois en général à se considérer comme les chefs naturels de la nation, portera *les grands bourgeois* à se considérer comme les chefs naturels de la bourgeoisie, et comme ayant un droit particulier à occuper les premières places.

Plus nous supposerons la république puissante, plus ces places seront recherchées; elles deviendront l'objet de la convoitise générale. Les hauts bourgeois se les disputeront avec acharnement; des cabales se formeront; les passions du peuple seront mises en mouvement, et la république sera désolée par de continuelles dissentions.

Tournons notre attention sur un autre point de vue.

La république bourgeoise, ainsi que nous l'avons fait observer, résulte de l'amour du pouvoir, descendu dans la classe moyenne. Jusqu'à ce jour, il est vrai, on est parvenu à persuader aux citoyens de cette classe que l'État est en effet gouverné par eux, quand il l'est par une assemblée à laquelle ils envoient leurs députés. Mais croit-on qu'une illusion aussi grossière pourra long-temps fasciner leurs yeux, et que bientôt les propriétaires de chaque province ne s'apercevront pas qu'ils n'ont qu'une influence dérisoire dans les affaires publiques, lorsqu'ils n'y prennent part qu'au moyen de quatre ou cinq députés dont les voix sont nécessairement perdues dans l'assemblée générale, au milieu des mille voix qui s'y font entendre ?

Il est donc à présumer que, dans un temps très-court, la masse entière des propriétaires cherchera, dans un autre mode de gouvernement, un aliment plus substantiel à son ambition.

« C'est un mal, dit Rousseau, d'unir plusieurs « villes en une seule cité. Il ne doit y avoir que « de petits États. » Conformément à ce principe, les grandes villes d'abord, et les petites ensuite s'efforceront de se séparer *de la cité,* pour se constituer en États particuliers.

Ainsi, par la nature des choses, la république bourgeoise, lors même qu'elle parviendrait à se maintenir contre le peuple, conduit à la république fédérative; de même que la république populaire, lors même qu'elle parviendrait à échapper au despotisme, conduit à la république bourgeoise.

Qu'on se représente maintenant les résultats que doit avoir dans certains pays un pareil mode de gouvernement. Plusieurs provinces seront situées dans l'intérieur des terres; les autres, sur les bords des grands fleuves ou de la mer. Un grand nombre de ces provinces, bien que diverses par leur situation, recueilleront les mêmes produits, et auront un égal intérêt à les exporter. Mais les provinces frontières et maritimes ne consentiront à laisser exporter les produits des provinces intérieures, que lorsque les leurs seront écoulés. Première source de difficultés. D'autre part, des provinces auront intérêt à laisser entrer sur leur territoire certains produits étrangers que d'autres provinces auront intérêt à proscrire. Nouvelle source de difficultés. Les guerres qui seront favorables aux intérêts des uns, seront contraires aux intérêts des autres. Les contingens en troupes et en argent ne se lèveront pas partout avec exactitude. De là encore, des haines, des reproches amers, et peut-être des guerres civiles. Enfin, certaines provinces, à cause de l'étendue plus grande de leur territoire, ou à cause de leur civilisation plus avancée, voudront exercer sur les autres une espèce de suprématie politique. Des alliances se formeront entre les provinces dominatrices d'une part, et les provinces opprimées de l'autre; puis, entre certaines provinces puissantes contre certaines autres provinces puissantes. L'étranger interviendra dans ces querelles; il échauffera les ressentimens; et l'Etat entier, affaibli, déchiré, sera la proie de ses voisins, dès qu'ils voudront s'entendre pour le conquérir.

Si c'est là ce qu'on appelle *le mouvement et la vie,* il faut avouer au moins que rien n'est plus étranger au bonheur et à la liberté.

CHAPITRE V.

De la république aristocratique.

La république aristocratique a cela de commun avec la royauté, qu'elle repose sur un principe fixe qui réunit la nation entière dans une même opinion sur la nature du pouvoir et la légitimité de l'ordre établi, et qui met l'Etat à l'abri de tous les désordres occasionnés, dans les autres systèmes de gouvernement, par les pénibles recherches d'une vérité politique qui n'existe pas.

Mais elle diffère de la royauté en ce point essentiel, que le principe qui lui sert de base éprouve plus d'obstacle encore à se maintenir dans l'esprit de la nation que celui qui sert de base à la royauté: car, s'il est difficile de concevoir que la souveraineté puisse appartenir, en vertu d'un droit quelconque, à une seule famille, il est plus difficile encore de supposer qu'elle puisse appartenir à plusieurs. La royauté ressemble à tant de choses indispensables, qu'elle entre, sans trop d'efforts, dans les mœurs et dans la conviction des peuples. Ils voient qu'il faut un chef à toutes les entreprises : un chef à une armée; un chef sur un vaisseau; un chef dans un atelier. Pourquoi ne faudrait-il pas un chef à une nation?

Mais quel ordre d'idées peut courber les esprits sous l'autorité exclusive d'un certain nombre de familles? Le droit divin lui-même ne peut se prêter à l'origine de ce genre de pouvoir. Il faut de toute nécessité qu'il s'appuie soit sur le droit de conquête, toujours humiliant pour une nation, soit sur une ancienne élection, dont le moindre danger est de rappeler au peuple les droits qu'il possédait autrefois.

Quelle que soit néanmoins la nature des droits dont excipent les familles souveraines, lorsque, par suite des habitudes du peuple ou de ses préjugés, ces droits sont bien positivement établis dans la nation, la république aristocratique partage avec la royauté tous les moyens d'action et de stabilité qui découlent en foule de la légitimité du pouvoir.

Ainsi, le gouvernement établi n'a jamais à craindre d'être mis en question, et il présente l'avantage de ne laisser, dans les momens de trouble, aucune incertitude au magistrat sur ce qui constitue son devoir; d'où il résulte, qu'en même temps que le peuple n'est jamais entièrement affranchi de l'opinion qu'il doit obéissance au gouvernement, les fonctionnaires publics et les troupes n'hésitent jamais non plus à traiter en rebelles ceux qui se soulèvent contre son autorité.

Les familles investies du pouvoir étant d'autant plus élevées et considérées que l'Etat est plus puissant et plus prospère, leur premier intérêt est évidemment d'administrer la nation de manière à lui procurer la plus grande masse de bonheur possible, et de la placer ainsi au plus haut rang qu'elle puisse atteindre parmi les nations.

Nulle part non plus la propriété ne peut être plus solidement établie ni plus efficacement protégée, puisque les familles souveraines sont placées sous ce rapport sur la même ligne que les autres familles, et que les droits d'hérédité et de propriété sont, pour les unes comme pour les autres, la source principale de toutes leurs jouissances.

La république aristocratique réunit donc les conditions que nous avons démontré être nécessaires à la stabilité de tout gouvernement : pouvoir reconnu légitime ; pouvoir placé entre les mains des riches; pouvoir appuyé sur des intérêts spéciaux. Mais, à côté de ses avantages, la république aristocratique a aussi des vices qui lui sont propres, et qu'il importe de signaler.

Le premier de ces vices résulte des nombreuses cabales qui se forment entre les diverses familles souveraines; cabales auxquelles le peuple est souvent associé, et qui peuvent mettre en péril la paix et l'existence même de l'Etat.

Le second résulte de la facilité que trouve l'étranger à s'immiscer dans le gouvernement intérieur de la république, en prêtant son appui aux diverses familles souveraines pour maintenir les unes, ou pour porter les autres aux premiers postes de l'Etat.

Le troisième résulte enfin de la position sociale des familles souveraines vis-à-vis des premières familles plébéiennes : position par suite de laquelle le gouvernement est souvent entraîné dans des mesures de surveillance et de rigueur qui le rendent odieux, et qui finissent par engendrer des troubles et des révolutions.

Aussi le gouvernement de la république aristocratique se maintient-il en général plus doux et plus facile dans les pays pauvres et sans commerce, où la bourgeoisie ne trouve aucun moyen de s'approcher de trop près des familles souveraines, que dans les pays plus industrieux et plus favorisés de la nature, où mille routes sont ouvertes à la fortune, et où souvent les bourgeois, plus riches et plus instruits que les patriciens, balancent leur influence dans l'esprit du peuple, et les forcent à se tenir en garde contre leurs entreprises.

De tout ceci il faut conclure que la république aristocratique est un mode de gouvernement dans lequel on peut trouver les principaux avantages qui constituent le bonheur social; mais un mode cependant qui laisse encore beaucoup à désirer quant à la sécurité des personnes et à la juste prétention des peuples de coopérer à la formation de la loi et à l'établissement de l'impôt.

CHAPITRE VI.

De la monarchie absolue.

De tous les modes de gouvernement, le gouvernement absolu est celui qui réunit au plus haut degré l'avantage résultant pour toute société d'une identité d'opinion sur la source et le siége de la souveraineté.

Dans les monarchies tempérées, bien que la souveraineté réside positivement dans le prince, et que l'exercice du pouvoir royal soit seulement soumis à certaines formalités déterminées par la loi ou par les coutumes, il peut arriver cependant, en cas de rupture ouverte entre le prince et les différens corps qui l'assistent de leurs conseils, que le peuple soit incertain sur l'étendue des droits de ces corps, et qu'il ignore réellement à qui, d'eux ou du roi, il doit obéissance.

Dans les gouvernemens absolus, au contraire,

la souveraineté s'offre nettement à tous les yeux; le peuple sait toujours où la prendre; aucun corps, placé entre le Prince et lui, ne peut lui en dérober l'éclat.

Il existe aujourd'hui en France une prévention générale contre les gouvernemens absolus; et cette prévention, en effet, ne saurait jamais être assez forte, si l'on considère ces gouvernemens seulement sous le rapport des abus auxquels ils peuvent donner lieu.

Mais si, abstraction faite des contrées où la barbarie des mœurs excuse, ou du moins explique la barbarie du Prince, on considère les gouvernemens absolus sous le rapport de leurs résultats, le repoussement qu'ils inspirent au premier aspect ne tarde pas à se modifier.

D'abord, il n'existe nulle part, à proprement parler, de gouvernement absolu, si ce n'est dans les pays où le peuple s'est emparé momentanément du pouvoir, et où il est vrai de dire que le despotisme sévit alors dans toute sa fureur. Partout ailleurs le pouvoir, tout absolu qu'il soit *de droit*, est toujours limité *de fait* : là, par le pouvoir religieux; là, par celui de la noblesse; là, par celui du peuple : de sorte que toute la différence qui existe entre les gouvernemens qu'on est convenu d'appeler *absolus*, et les gouvernemens tempérés, c'est que dans ces derniers l'autorité du prince est limitée par des pouvoirs définis, et que dans les autres elle l'est par des pouvoirs non définis, mais qui n'en sont pas moins réels.

Une autre considération oblige encore de nos jours les princes absolus à ne faire qu'un sage emploi de leur autorité : c'est la puissance de l'opinion publique ; puissance nouvelle, créée par la presse, par le progrès et la propagation des lumières, par la facilité des communications ; puissance au-dessus de toutes les puissances, et devant laquelle les princes absolus sont, non moins que les autres, contraints de se courber. Enfin, le doute qui s'est élevé en Europe sur l'origine du pouvoir, et qui partout a, sinon détruit, du moins fortement ébranlé l'ancienne foi des sujets dans les droits de leur prince, a fait prendre aux souverains la sage résolution de se jeter entre les bras de leurs peuples, et de leur faire aimer le pouvoir à force de bienfaits.

Les princes ont compris qu'un peuple heureux, à moins d'être déjà corrompu par de fausses doctrines, ne s'inquiétait guère de savoir comment il était heureux, et que, lorsque sous la main puissante du gouvernement il voyait les propriétés respectées, la personne des citoyens à l'abri de toute atteinte, toutes les industries protégées et la justice administrée avec impartialité, il n'allait pas fouiller dans les ténèbres des anciens temps pour y chercher de quelle manière s'était établi l'ordre de choses auquel il devait sa prospérité.

Tels sont en général les avantages matériels dont jouissent la plupart des nations qui sont encore placées sous le régime du pouvoir absolu, et chez lesquelles le gouvernement n'a pas à lutter contre un parti acharné à sa ruine. Dans ces pays, objets pour nous d'une pitié plus passionnée qu'éclairée, on ne voit plus les peuples écrasés d'impôts pour alimenter les prodigalités d'une cour fastueuse; on ne voit plus la fortune publique en proie à d'insolens favoris, ni la liberté des citoyens livrée sans défense aux passions des hommes puissans. Cependant, il faut l'avouer, on a vu autrefois ces choses, et des choses plus déplorables encore; et comme les peuples ne peuvent trouver dans leur esprit assez de lumières pour comprendre les motifs qui imposent aujourd'hui aux monarques de l'Europe la sagesse et la modération, il doit aussi paraître juste qu'ils exigent d'autres garanties que des garanties morales contre le renouvellement des excès dont ils ont été les victimes. Ce sont ces garanties positives qui, lorsqu'elles ne portent aucune atteinte au principe que la souveraineté réside dans le prince, constituent cette espèce de gouvernement que l'on appelle *la monarchie tempérée*, ou simplement *la monarchie*, par opposition au despotisme.

CHAPITRE VII.

De la monarchie tempérée.

La monarchie, ou la monarchie tempérée, est un mode de gouvernement dans lequel le prince, sans rien abandonner de son autorité souveraine, qui continue de rester la loi de l'Etat et le principe du gouvernement, soumet néanmoins l'exécution de ses ordonnances à de certaines formalités qui lui révèlent les abus que ces ordonnances pourraient entraîner; se réservant d'avoir ensuite tel égard que de raison aux observations qui lui sont adressées.

Ce mode de gouvernement serait peut-être préférable à tout autre, si l'unique problème à résoudre en matière de gouvernement était de trouver la combinaison la plus féconde en résultats d'ordre et de prospérité, et si l'ambition et la vanité, ces deux terribles fléaux du siècle, n'avaient pas créé, dans les sociétés modernes, de nouveaux et impérieux besoins.

Si les peuples, en effet, n'aspiraient qu'à être heureux, quel ordre de choses plus parfait pourraient-ils souhaiter qu'un ordre de choses dans lequel la paix publique n'est jamais exposée à être troublée par de dangereuses contestations sur la nature du pouvoir, et dans lequel le prince est éclairé sur ses erreurs d'une manière si publique et si évidente qu'il lui devient presque impossible d'y persister?

Mais malheureusement les peuples s'attachent moins aujourd'hui *au positif* des choses qu'à la manière dont elles ont été produites. Il suit de là que la paix publique, de bonnes lois et la liberté elle-même ne sont d'aucun prix à leurs yeux, si elles ne sont pas leur propre ouvrage.

Aussi les monarchies tempérées offrent-elles en vain leurs bienfaits à des nations intraitables, dont l'orgueil est devenu le dieu, et qui, comme l'ange déchu de Milton, aiment mieux *régner en enfer que servir dans le ciel* (1). Peu leur importe de constituer un état de révolution pour ainsi dire légal, pourvu qu'elles coopèrent elles-mêmes à l'exercice de la souveraineté; et tout

(1) *Better to reign in hell than serve in heaven.*

ordre qui est autre chose qu'une halte de quelques momens dans un mouvement sans fin, leur paraît le sommeil de la mort.

C'est ainsi que s'est formé partout le désir ardent des monarchies représentatives, c'est-à-dire des gouvernemens où toutes les classes de la nation, représentées par des députés de leur choix, concourent avec le prince à la formation de la loi et à l'établissement de l'impôt, et ne laissent par conséquent à la royauté que l'alternative de se soumettre à leurs volontés ou de se retirer du pays.

Ce mode de gouvernement étant devenu l'objet des vœux presque unanimes des différens peuples de l'Europe, nous expliquerons plus bas, avec toute l'étendue que comporte un sujet aussi important, les conditions qui sont propres à cette forme spéciale de gouvernement, et sans lesquelles il est impossible qu'elle ne dégénère pas tôt ou tard en république.

CHAPITRE VIII.

Conclusion.

DE tous les différens modes de gouvernement dont nous venons d'exposer les effets, la France ne peut vouloir ni de la république populaire, qui n'est qu'une longue et sanglante anarchie, ni de la république aristocratique, dont les premiers élémens lui manquent. Elle ne peut être ramenée non plus à la monarchie tempérée, contre laquelle elle a fait sa première révolution, et avec laquelle ne pourrait s'allier le désir qu'elle a conçu de prendre une part active à l'exercice de la souveraineté. Il ne lui reste donc à choisir qu'entre la république bourgeoise et la monarchie représentative.

Je ne rappellerai point les dangers auxquels la république bourgeoise est exposée par l'effet des principes mêmes sur lesquels elle s'appuie. Je veux qu'à force d'essais et de tâtonnemens on ait enfin trouvé une combinaison par suite de laquelle le peuple, retenu dans le cercle étroit de quelques attributions peu importantes, soit en effet hors d'état d'inquiéter le gouvernement. Je veux même que le pouvoir soit solidement fixé dans la bourgeoisie ; toujours est-il impossible que ce pouvoir se dérobe à l'influence des passions qui l'auront lui-même enfanté. Né de l'amour de la domination répandu dans les classes moyennes, il engendrera nécessairement la république fédérative.

Or, quelle serait la situation de la France, de ce vieux royaume de saint Louis, d'Henri IV et de Louis XIV, de cette première province du catholicisme, sous une république fédérative ? Elle deviendrait la proie de tous les désordres que nous avons dit devoir résulter pour certains pays de cette forme de gouvernement.

La France s'élève aujourd'hui au-dessus de toutes les nations de l'Europe par ses arts, par ses mœurs, par ses lois, par la délicatesse et la pureté de sa langue : toutes choses qu'elle doit à l'unité de son gouvernement. La France est le point d'où part la lumière, d'où partent la vie et le mouvement des autres Etats. Que deviendrait son influence politique, lorsqu'avec l'unité de son gouvernement, auraient aussi disparu les élémens divers dont cette influence se compose?

La France est essentiellement guerrière; elle aime la gloire plus encore que la liberté. Comment s'accommoderait-elle d'un état de choses qui lui enleverait toute sa prépondérance militaire et la réduirait à un rôle entièrement passif sur la grande scène de l'Europe?

La France est composée de provinces, les unes maritimes, les autres frontières ou intérieures.

Comment toutes ces provinces parviendraient-elles à concilier leurs intérêts, quand elles seraient toutes indépendantes et maîtresses absolues de leurs volontés?

Un grand nombre de provinces ont été conquises sur des voisins puissans qui n'ont jamais perdu l'espoir de les recouvrer un jour. La France en conserverait-elle long-temps la possession, lorsque sa puissance morcelée ne lui permettrait plus d'opposer à ses adversaires que des masses désunies, et de beaucoup inférieures aux leurs?

Le clergé, haï et persécuté dans quelques provinces, possède dans d'autres la confiance générale des peuples. Croit-on qu'il laissât cette confiance oisive et stérile entre ses mains?

Il en serait de même de la noblesse. La France ne se compose pas, comme l'Amérique, de fa-

milles sorties d'une même source, et toutes ran-
gées sous un même niveau; mais, au contraire,
des familles placées à des degrés différens dans
l'estime du pays. Quelque rudes coups que la révolution ait portés à la noblesse, la noblesse est
restée debout en présence de la révolution; et
si, dans le choc qu'elle a essuyé, elle a perdu la
plus grande partie de son influence politique, elle
a conservé presque entière son influence morale.
Un grand nom est encore en France le premier
des avantages sociaux; c'est un appât auquel les
vanités bourgeoises ne cessent de se laisser prendre. Combien de gens ne sont entrés dans la
conspiration ourdie contre la branche aînée des
Bourbons, que par le désespoir d'une obscure origine qui les poursuivait sans relâche au sein de
leurs grandes fortunes et leur en corrompait la
jouissance?

La noblesse et le clergé sont donc encore des
puissances que la bourgeoisie rencontrerait partout, et qu'elle ne serait point assurée de com-
battre partout avec avantage. Ainsi, telle province
serait gouvernée par la noblesse, telle autre par
le clergé, telle autre par la bourgeoisie, telle autre enfin par le peuple. Tous ces gouvernemens
divers se haïraient d'une haine profonde, et n'auraient d'autre pensée que celle de se détruire.

L'étranger soufflerait sans relâche sur ce feu déjà si ardent; et la France, aujourd'hui si une, si compacte, si puissante, n'offrirait bientôt plus qu'une vaste scène de désolation. Plus de paix nulle part, plus de sécurité. Toujours des révolutions et des guerres, des guerres et des révolutions.

Au milieu de ce désordre général, les arrérages de la dette publique ne seraient plus payés. Toutes les grandes entreprises crouleraient; et la vie de chacun ne serait plus qu'une vie au jour le jour : la vie de l'esclave ou celle du soldat.

Voilà le triste sort que nous ferait une république bourgeoise. Voilà les maux qu'elle attirerait sur la France.

C'est donc seulement dans une monarchie représentative que la France peut trouver la réalisation de ses vœux, c'est-à-dire le moyen d'allier l'ordre public et le maintien de la propriété avec le besoin qu'elle éprouve de prendre part à l'exercice de la souveraineté.

Voyons quelles sont les conditions spéciales de cette forme de gouvernement, les conditions sans lesquelles la royauté ne peut se maintenir en présence du pouvoir législatif accordé au peuple, et sans lesquelles, par conséquent, la monarchie représentative doit dégénérer bientôt en despotisme ou en république.

LIVRE IV.

DE LA MONARCHIE REPRÉSENTATIVE.

Nisi Dominus ædificaverit civitatem, frustrà labo-
raverunt qui ædificant eam.

CHAPITRE PREMIER.

Du principe fondamental de la monarchie représentative.

On appelle monarchie représentative ce mode particulier de gouvernement dans lequel la nation est appelée à concourir avec le roi, par l'organe de certains corps constitués et périodiquement assemblés, à la formation de la loi et à l'établissement de l'impôt.

Il suit de cette définition même, qu'à la différence des monarchies tempérées, où le prince possède des armées, des domaines et des trésors dont il a seul la disposition et qui le mettent en état de se défendre contre les ennemis de sa couronne, le prince ne peut avoir, dans une monarchie représentative, d'autres armées, d'autres domaines, ni d'autres trésors que ceux que les assemblées nationales consentent à lui accorder, et qu'il se trouve par conséquent dans leur entière dépendance.

Il est donc évident que si ces assemblées ou *Chambres* ne sont pas constituées de manière à *vouloir toujours* la royauté, la royauté et partant la monarchie représentative, ne reposera que sur un sable mouvant, et qu'elle sera exposée à être renversée aux premières difficultés qui s'éleveront entre elle et les Chambres.

Les Chambres, dira-t-on, voudront toujours la royauté, puisqu'il aura été reconnu *à priori* que la royauté est une institution nécessaire. Mais le jour où le peuple n'aura plus la même opinion sur l'utilité de la royauté, il faudra donc que la royauté se retire? Ainsi, il suffira d'une volonté actuelle, passagère, irréfléchie, d'une volonté formée par la conjuration de quelques journaux, par l'influence d'un homme de génie, par le ressentiment de quelques légères offenses, pour que tout l'Etat soit bouleversé. Non : la royauté ne peut accepter une pareille condition, un sort aussi précaire. Il lui faut un pouvoir qui soit au moins à l'abri d'un coup de main ; un pouvoir qui la garantisse d'un premier transport, qui lui laisse le temps de rallier ses partisans, et qui lui permette d'en appeler, de la nation emportée par la colère ou par l'ardeur de la nouveauté, à la nation rassise et rentrée dans son sang-froid.

Or, ce pouvoir indispensable à la royauté, elle ne peut le trouver que dans son intime union avec les corps qui partagent avec elle l'exercice de la puissance législative.

Examinons maintenant la monarchie représentative sous un autre aspect.

Supposons, comme j'avoue que la raison semblerait l'indiquer, que les Chambres soient entièrement indépendantes de la couronne.

Il arrivera nécessairement que les Chambres voudront gouverner. Elles le voudront hautement et sans ménagement, parce qu'elles seront censées représenter la nation; et comme, dans cette prétention, elles seront toujours appuyées par le peuple, il en résultera l'impossibilité pour la couronne de résister à leurs exigences. Or, une fois le gouvernement placé ouvertement dans les

Chambres, que devient la royauté? *Condamnée
à ne rien faire qu'à dépenser sa liste civile* (1),
elle n'est plus qu'un rouage inutile, qu'on ne peut
tarder long-temps à faire disparaître.

Si donc on ne veut pas que la monarchie représentative fasse bientôt place à la république,
il faut que la Constitution soit combinée de manière que la royauté gouverne en effet. Mais,
d'autre part, il est de l'essence de la monarchie
représentative que le pouvoir réside dans les
Chambres : comment donc faire?

Ce problême serait insoluble, si la monarchie
rperésentative devait être prise au sérieux, et si
chacun des pouvoirs qu'elle admet au partage de
la souveraineté devait être réellement constitué
d'après les principes qui semblent lui être propres. Car, quels moyens d'organiser un gouvernement où *le droit* de gouverner appartient au
prince, et *le pouvoir* de gouverner à des Chambres indépendantes du prince? en un mot, un
gouvernement dans lequel il est nécessaire que
celui-là gouverne, qui n'a pas le pouvoir de gouverner, et que celui là ne gouverne pas, qui possède le pouvoir de gouverner?

Il est évident qu'un tel gouvernement ne peut

(1) *National*, le 3 mars 1831.

vivre que de déceptions et ne peut se maintenir qu'autant que les corps 'qui seront censés représenter la nation *ne voudront point* user, contre la couronne, de tout le pouvoir qu'ils possèdent, et consentiront à la laisser gouverner à leur place.

C'est donc la condition vitale d'une monarchie représentative que les membres des Chambres ainsi que les citoyens qui les élisent, soient inébranlablement attachés au principe de la royauté, et par conséquent que les électeurs, ou ceux par l'influence desquels se font les élections, *trouvent, dans cette forme de gouvernement, des avantages particuliers qu'ils ne trouveraient pas dans toute autre.*

C'est faute d'avoir compris cette vérité que les doctrinaires n'ont pu réussir et ne réussiront jamais à établir en France la monarchie représentative. Quel est en effet leur système? Ils reconnaissent que la société se compose d'intérêts divers qui se généralisent et arrivent à n'être que deux : l'intérêt *du progrès,* qui appartient à ceux qui veulent acquérir, et l'intérêt *de la stabilité,* qui appartient à ceux qui veulent conserver.

« Le gouvernement de l'Etat est imparfait, « disent-ils, si ces deux intérêts n'y sont fidèle- « ment représentés.

« Point de fixité ni de persistance dans les

« desseins, là où les formes du gouvernement ne
« répondent pas à l'un d'eux ; point de perfec-
« tionnement dans les voies de la civilisation,
« là où ces formes ne sont point en rapport avec
« l'autre (1). »

Mais au lieu d'organiser le corps représentatif
de manière que l'intérêt de la stabilité y domine
toujours sur l'intérêt du progrès, ils attribuent à
chacun de ces intérêts une représentation spéciale et distincte, croyant qu'il suffit que la loi
ne puisse se faire qu'avec le concours des deux
Chambres où ces intérêts sont représentés, pour
que l'ordre établi se trouve à l'abri du caprice de
la multitude.

Ils ne réfléchissent pas que des attributions légales qui ne s'appuient sur aucune force matérielle,
ne constituent pas une puissance politique, et
que la Chambre où sera placé l'intérêt de la stabilité, ne représentant *que les intérêts non communs à tous*, ne pourra jamais se soutenir contre la Chambre où sera placé l'intérêt du progrès : laquelle, représentant *les intérêts communs à tous*, aura derrière elle la masse entière
de la nation.

Pour que l'intérêt de la stabilité ne soit pas

____

(1) Résumé de M. Bérenger, séance du 10 octobre 1831.

dévoré par l'intérêt du progrès, il faut que ces deux intérêts, loin d'être séparés, soient au contraire unis et confondus dans les deux Chambres qui composent le corps représentatif, et que ce corps, ainsi que nous l'avons dit, soit organisé de manière que les opinions monarchiques y demeurent toujours en majorité.

Tel est le mode d'organisation indispensable de la monarchie représentative. Si de cette organisation il ne devait résulter pour le peuple qu'un despotisme déguisé, je n'hésiterais pas à dire qu'il doit alors renoncer à ce mode de gouvernement : car, de quelque manière qu'il s'y prenne, il ne parviendra jamais à le constituer autrement.

Mais heureusement il n'en est point ainsi ; et nonobstant toutes les nécessités que je viens de déclarer inhérentes à la monarchie représentative, il n'est pas de forme de gouvernement qui puisse procurer au peuple un bonheur plus durable, une liberté plus vraie et plus étendue.

Cette liberté résulte de l'ensemble des institutions qui constituent la monarchie représentative : de la puissance de l'opinion publique, de la liberté de la tribune, du droit de pétition, du jury, de la libre discussion des actes de l'administration, et surtout de l'intérêt des électeurs à justifier la nécessité de leurs priviléges et à se concilier la faveur du peuple par leur vigilance à protéger son bien-être et à maintenir ses droits.

Voilà tout le mystère de la monarchie représentative. Il repose tout entier sur le système électoral. Ce système est-il en harmonie avec la royauté : l'Etat jouit de la plus haute prospérité et de la liberté la plus étendue. Ce système, au contraire, a-t-il été établi sur des considérations étrangères aux intérêts de la royauté : le plus affreux désordre s'introduit dans l'Etat. La royauté, sans cesse menacée, se trouve contrainte de chercher son salut hors de la Constitution. Le peuple prend parti pour les assemblées qu'il considère comme ses organes et ses défenseurs; des haines impies se forment; la guerre éclate; le sang coule, et le pays n'a plus d'autre avenir que le despotisme ou l'anarchie.

CHAPITRE II.

Du corps représentatif.

La monarchie représentative peut être établie de mille manières différentes, parce qu'il y a mille manières suivant lesquelles la nation peut être consultée sur la formation de la loi et sur l'établissement de l'impôt.

Mais comme on entend plus généralement par monarchie représentative, *le gouvernement des trois pouvoirs,* c'est-à-dire le gouvernement qui est composé d'un roi et de deux Chambres, c'est de cette espèce de monarchie que je vais particulièrement m'efforcer de déterminer les conditions.

Dans cette forme spéciale de gouvernement, la division du corps représentatif en deux Chambres, a principalement pour objet :

1° De faire que la couronne ne se trouve pas en présence d'un corps trop absolu qui, représentant à lui seul tous les intérêts de la nation, écraserait le trône du poids de sa puissance et de sa popularité;

2° Et de faire que la loi ne puisse être emportée d'assaut, et qu'elle soit soumise à une double discussion qui permette de l'envisager sous toutes ses faces et d'en peser avec soin toutes les dispositions.

Cette division, en deux Chambres, du Corps représentatif, a fait naître la malheureuse pensée d'attacher plus particulièrement à la couronne les membres de l'une des deux Chambres, et d'abandonner la composition de l'autre à toute la mobilité de l'opinion publique.

De là la question de savoir s'il n'était pas plus utile que l'une des deux Chambres fût héréditaire, et que l'autre seulement fût élective.

Afin de nous écarter le moins possible du principe de la représentation, qui est celui du gouvernement des trois pouvoirs, nous supposerons d'abord les deux Chambres électives; et, nous rappelant alors ce que nous avons établi dans le chapitre précédent, que la monarchie représentative ne peut subsister qu'autant que le corps représentatif est immuablement attaché et dévoué au principe de la royauté, nous chercherons par quelle nature de liens les membres des deux Chambres et, par suite, les citoyens investis du droit de les élire, peuvent être unis à la royauté.

CHAPITRE III.

De la nature du lien qui doit unir les électeurs au trône.

Ainsi que nous l'avons démontré dans le chapitre VIII du livre II, les électeurs ne peuvent être réellement et fermement attachés à la royauté que par un *intérêt propre;* et ce n'est qu'autant qu'ils trouveront dans la monarchie cet intérêt propre, que cette forme de gouvernement leur paraîtra *toujours* préférable à toute autre : tel est l'homme ; il n'y a pas de théorie au monde qui puisse le changer sur ce point.

Mais tous les intérêts sont-ils également susceptibles de produire des opinions *constantes* en faveur de la royauté ?

Il faut distinguer ici entre l'intérêt de la propriété foncière et celui de la propriété mobilière.

La propriété foncière aura toujours une pente naturelle vers la monarchie, parce que cette espèce de propriété entraîne avec elle un genre particulier de considération qui s'augmente avec le temps, et qui, par suite de la stabilité, caractère distinctif de la monarchie, doit prendre, sous cette forme de gouvernement, une importance plus grande que sous tout autre.

Mais il n'en est pas ainsi de la propriété mobilière, à qui la monarchie n'apporte aucun avantage spécial, et qu'elle irrite au contraire par la vue importune des rangs qu'elle établit. Cette espèce de propriété ne peut donc constituer, en matière de gouvernement, que des opinions essentiellement *mobiles*, c'est-à-dire des opinions indifférentes à tout système politique, et toujours prêtes à adopter celui qui lui assurera le plus d'avantages présens.

Toutefois, la propriété foncière elle-même, quelque monarchique qu'elle soit par sa nature, a encore besoin de s'appuyer sur un intérêt plus spécial pour balancer entièrement *les mauvaises passions* de certains propriétaires, et leur créer des opinions constantes en faveur de la royauté.

Eh! pourquoi en effet un propriétaire qui n'est que propriétaire, serait-il invariablement attaché à la royauté? Il reçoit, il est vrai, sous la monarchie, un plus grand lustre de sa propriété; mais cette satisfaction de vanité n'est pas le premier objet de sa sollicitude. Il veut avant tout que sa personne et ses biens soient scrupuleusement respectés. Or, comme il n'est pas de réformateurs qui ne présentent leur nouveau système de gouvernement comme renfermant les garanties les plus solides pour les personnes et les propriétés, il s'ensuit que, pour inspirer à la masse des propriétaires le désir de changer le gouvernement établi, il ne s'agit que d'exagérer à leurs yeux les vices qui peuvent s'y rencontrer, et de leur promettre un ordre de choses plus en rapport avec leurs passions du moment et le progrès de la civilisation.

Eh! combien cette tâche n'est-elle pas facile à remplir! Est-il un gouvernement qui ne laisse quelques intérêts en souffrance? Est-il un ordre si parfait qu'on n'en puisse concevoir un autre plus parfait encore?

La propriété foncière ne peut donc offrir un appui solide à la royauté qu'autant qu'elle lui sera attachée par quelque privilége particulier; et comme il n'est pas de priviléges qui excitent un intérêt réel et permanent, hormis les priviléges héréditaires, il en résulte que, dans toute monarchie représentative, et en dépit des théories d'égalité qui sont l'Evangile du jour, il ne peut y avoir de sécurité pour le trône que si le corps représentatif est formé, dans toutes ses parties, par l'influence directe, ou sous l'influence indirecte de certains priviléges héréditaires.

Au reste, les priviléges dont j'entends parler n'ont rien de commun avec ces priviléges odieux qui assujettissent l'homme à l'homme, forment la grandeur de l'un de la servitude de l'autre, et qui, ne pouvant s'expliquer par aucun motif d'ordre public, ne sont, à tous les yeux, que la continuation du droit de conquête. J'entends simplement parler de priviléges politiques qui, en même temps qu'ils créent aux privilégiés un intérêt particulier au maintien du gouvernement établi, leur donnent aussi le pouvoir de soutenir ce gouvernement.

Ces priviléges sont tellement inhérens à la monarchie représentative, que je ne conçois pas qu'on puisse, avec bonne foi, prétendre, comme les doctrinaires, que la qualité d'électeur doive être soumise à un cens quelconque, sans être par-là même entraîné à reconnaître la nécessité d'un corps d'électeurs privilégiés.

En effet, de deux choses l'une : ou ce cens a pour but de maintenir exclusivement le pouvoir dans une classe spéciale de citoyens; et alors, l'établissement de ce cens est un monopole révoltant, et constitue l'usurpation la plus auda-

cieuse et la plus criminelle des droits de la nation; ou ce cens a pour but de donner à la royauté
et à la Contitution des garanties qui les protègent
contre l'instabilité de l'opinion publique, et alors
l'institution de ce cens est une institution insuf-
fisante, en ce qu'elle place le pouvoir électoral
dans une classe de citoyens qui n'est attachée
qu'à l'ordre, et non pas à cette espèce d'ordre
qui résulte de la royauté.

Je dis plus : aujourd'hui que le droit de succession est attaqué avec une ardeur de plus en
plus vive et menaçante, la création de priviléges
héréditaires n'est pas moins dans l'intérêt des
familles que dans l'intérêt de la royauté; aujour-
d'hui, plus qu'en tout autre temps, il faut que
le droit de succession frappe incessamment les
yeux du peuple, qu'il le retrouve partout : dans
la transmission de la couronne; dans la transmission de la pairie; dans la transmission de la noblesse; dans la transmission des droits électoraux,
ou des grandes influences électorales. Alors le
peuple sera armé d'un triple airain contre les
odieuses doctrines par lesquelles on s'efforce d'é-
branler dans son esprit la légitimité du droit
d'hérédité : doctrines dont la conséquence inévitable est de bouleverser la société jusque dans
ses fondemens.

Je pourrais encore soutenir que les droits que je réclame en faveur des électeurs ne constituent pas des priviléges proprement dits, *puisqu'ils doivent étre ouverts à tous les citoyens.* Mais qu'importe. Il faut dire, de ces droits, ce qu'a dit M. Royer-Collard de l'hérédité de la pairie, dans la séance du 4 octobre dernier (1). Si l'intérêt public, *source de tous principes en matière politique,* se rencontre dans l'hérédité des droits électoraux, cette hérédité doit être admise, par la même raison qui a fait admettre l'hérédité de la royauté. La seule question à examiner est donc celle de savoir si l'intérêt public conseille l'hérédité des droits électoraux aussi bien que l'hérédité du trône; et c'est ce que je crois avoir démontré.

Les priviléges, dira-t-on, et surtout les priviléges

(1) Voici le passage du discours de M. Royer-Collard :
« Dira-t-on que l'hérédité de la royauté est une excep-
« tion et non un principe? Je répondrai qu'elle est un
« principe et même un titre pour une autre exception, si
« la même raison qui l'a fait admettre, savoir, l'intérêt
« public, source de tous principes en cette matière, se
« rencontre dans l'exception nouvelle. Il reste donc à exa-
« miner, sans préjudice contraire, si l'intérêt public con-
« seille l'hérédité de la pairie aussi bien que l'hérédité du
« trône. »

héréditaires sont contraires aux mœurs actuelles!
Eh bien! suivez vos mœurs, et renoncez à la monarchie; car la monarchie ne peut vivre sans priviléges héréditaires.

Par où la monarchie l'emporte-t-elle en effet
sur toutes les autres formes de gouvernement?
Par la stabilité de ses institutions. Eh! pourquoi
ses institutions sont-elles plus stables? Parce que
le pouvoir y est confié à des intérêts permanens,
irrévocablement attachés à sa destinée. Hors des
priviléges héréditaires, il n'y a donc plus que la
république, de quelque nom pompeux que vous
décoriez le chef du gouvernement.

Mais vous ne voulez pas de la république?
vous craignez le bouleversement des fortunes privées, les proscriptions, les emprisonnemens, les
massacres? Sachez donc ce que vous voulez!

Vous décidez-vous pour la royauté? entrez
franchement dans ses voies : dépouillez les préjugés que la philosophie vous a faits, et surtout votre
sotte vanité. Vous vous débattez en vain contre
une nécessité qui vous presse; il faut, pour que la
couronne et les Chambres ne se heurtent pas chaque jour, qu'elles soient unies toutes trois par un
même lien et qu'elles participent à un privilége
du même genre; car, s'il est une vérité incontestable en matière de gouvernement représentatif,

c'est que la royauté ne peut se maintenir devant les Chambres représentatives, qu'autant que les *opinions constantes*, c'est-à-dire les intérêts monarchiques, domineront dans les colléges électoraux, et exerceront sur les élections une influence réelle et permanente.

~~~~~~

CHAPITRE IV.

De la manière de faire dominer les intérêts monarchiques
dans les colléges électoraux, ou d'assurer à ces intérêts
une influence certaine dans les élections.

Tous les systèmes électoraux rentrent dans
l'un des trois systèmes suivans :

Ou les membres du corps représentatif sont
élus directement par une certaine classe d'électeurs ;

Ou les membres du corps représentatif sont
nommés par une seconde classe d'électeurs, sur
une liste de candidats qui leur est présentée par
une première classe d'électeurs ;

Ou enfin, les membres du corps représentatif
sont nommés par des électeurs choisis eux-mêmes
par l'universalité des citoyens, ou par une première classe d'électeurs.

Examinons chacun de ces systèmes, et voyons
~~~~~~

comment les *opinions constantes,* c'est-à-dire les électeurs privilégiés, doivent y être combinés avec les *opinions mobiles,* c'est-à-dire avec les électeurs non-privilégiés, pour que la royauté obtienne une majorité permanente dans le corps représentatif.

Dans le premier système (celui de l'élection directe), il faut que les électeurs privilégiés aient une majorité *de fait* dans les colléges électoraux; ou, qu'étant séparés de la masse des simples électeurs et réunis dans les colléges particuliers, la loi leur attribue la nomination d'un plus grand nombre de députés.

Dans le second système (celui de la candidature), il faut que les électeurs privilégiés composent à eux seuls une des deux classes d'électeurs, afin que ce soient eux qui choisissent les députés parmi les candidats qui leur seront présentés par les électeurs de première classe; ou que ce soient ces derniers qui choisissent les députés parmi les candidats qui leur seront présentés par les électeurs privilégiés.

Enfin, dans le troisième système (celui de l'élection à deux ou plusieurs degrés), il faut que certaines influences aristocratiques agissant sur les masses ou sur les électeurs, les entraînent irrésistiblement à porter leurs suffrages sur des électeurs royalistes, ou que le peuple et les électeurs ne puissent choisir les électeurs définitifs que parmi des citoyens privilégiés.

Telles sont les seules conditions sous lesquelles chacun de ces trois systèmes d'élection peut être mis en harmonie avec la royauté : car, il est évident que si, dans le système de l'élection directe, la majorité des électeurs n'a pas un intérêt particulier au maintien de la royauté, ou si la majorité des élections n'est pas faite par des électeurs ayant un intérêt particulier au maintien de la royauté, il faut que la royauté périsse au premier changement que subiront les sentimens des électeurs.

Il faut encore que la royauté périsse, dans le système de la canditature et dans celui de l'élection à deux ou plusieurs degrés, si, dans le premier de ces deux systèmes, les membres de l'une des deux classes d'électeurs, et dans le second système les électeurs définitifs, ne sont pas animés d'un dévouement inébranlable au principe de la monarchie.

Hâtons-nous maintenant de le dire : de ces diverses combinaisons électorales, une seule est loyale et sincère : c'est celle qui établit une majorité positive dans les colléges électoraux en faveur *des opinions constantes,* ou qui donne à ces opinions, réunies dans un collége particulier, la majorité des nominations à la Chambre. Toute autre combinaison est plus ou moins entachée de fraude, et plus ou moins remplie de dangers.

Et en effet :

Quel est le but du législateur en divisant les électeurs en deux classes : une classe d'électeurs privilégiés et une classe d'électeurs non-privilégiés ; et en conférant à l'une de ces classes le droit de présenter les candidats dans lesquels l'autre classe sera tenue de choisir les députés ?

N'est-ce pas qu'il espère que, parmi les candidats présentés aux électeurs privilégiés par les électeurs non-privilégiés, il se glissera toujours quelques royalistes sur lesquels les électeurs privilégiés pourront réunir leurs suffrages ; ou, dans l'autre hypothèse, que tous les candidats présentés aux électeurs non-privilégiés par les électeurs privilégiés, étant royalistes, les électeurs non-privilégiés ne pourront faire tomber leurs choix que sur des royalistes ?

Quel est encore le but du législateur lorsque, comptant sur certaines influences aristocratiques, il accorde, soit à tous les citoyens indistinctement, soit à des électeurs de première classe, le droit de nommer les électeurs définitifs qui devront choisir les députés ?

N'est-ce pas qu'il espère que ces influences entraîneront toujours le peuple ou les électeurs de première classe à porter leur choix sur des royalistes?

Et enfin, quel est le but du législateur quand il impose au peuple ou à des électeurs de première classe l'obligation de choisir les électeurs définitifs dans une classe de citoyens privilégiés? Ne se persuade-t-il pas qu'au moyen de cette restriction, les électeurs définitifs seront nécessairement royalistes, et ne nommeront au corps représentatif que des députés royalistes?

Ainsi, dans ces différentes combinaisons, les droits ostensiblement accordés au peuple, ne sont que des droits illusoires ou des droits neutralisés d'avance par les conditions sous lesquelles ils doivent s'exercer.

Et toutefois, il faut le dire, nonobstant ces conditions mêmes, quelques-unes de ces combinaisons sont encore menaçantes pour la royauté.

C'est ainsi, par exemple, que dans le système de la candidature, si les électeurs de première classe n'offraient de fait aux électeurs privilégiés que des candidats ennemis de la monarchie, et, dans le système de l'élection à deux ou plusieurs degrés, si les influences aristocratiques venaient à perdre, avec le temps, toute leur puissance sur le peuple; ou bien dans le même système, si les classes privilégiées dans lesquelles devraient être choisis les électeurs définitifs, offraient au peuple ou aux électeurs de première classe assez de mécontens ou de républicains, pour que le peuple ou les électeurs de première classe pussent en composer la majorité des électeurs définitifs ; c'est ainsi, dis-je, que, dans tous ces cas, la royauté se verrait exposée à se trouver en présence d'un corps représentatif qui lui serait directement hostile.

La seule combinaison dans laquelle il y ait réellement bonne foi et en même temps sûreté pour le trône, est donc, je le répète, celle qui établit une majorité positive dans les colléges électoraux en faveur des opinions royalistes, ou qui donne à ces opinions, réunies dans un collége particulier, la majorité des nominations au corps représentatif. Là, le législateur marche droit à son but ; il dit franchement au peuple : La monarchie représentative n'est point un gouvernement d'équilibre; c'est un gouvernement *essentiellement aristocratique,* et qui ne peut exister qu'avec *une majorité constamment royaliste dans le corps représentatif.* C'est donc un gouvernement dans lequel il faut, *de nécessité absolue,* ou que les opinions royalistes soient en majorité dans les colléges électoraux, ou que la majorité des nominations au corps représentatif appartienne à ces opinions.

Il y a cependant une grande différence à faire entre ces deux combinaisons.

Dans la première, le trône sans doute est en sûreté; mais les opinions royalistes étant en majorité dans tous les colléges électoraux, il est à craindre qu'elles n'aient *l'unanimité* dans le corps représentatif, et que ce corps, n'étant ainsi composé que de membres de la même opinion, ne soit privé des lumières qui jaillissent toujours de la discussion.

Dans la seconde combinaison, toutes les opinions, et même les opinions républicaines, pouvant entrer dans le corps représentatif au moyen des nominations accordées aux opinions mobiles, les citoyens de tous les partis sont en état de signaler les fautes de l'administration, ou de conquérir, par leur persévérance, les améliorations rendues nécessaires par le progrès de la civilisation.

C'était sur cette dernière combinaison, la seule qui réponde à tous les besoins du trône et de la liberté, qu'était fondé le système électoral que j'avais proposé, et qui a soulevé tant de haines contre moi.

Aurais-je eu le tort de trop bien présumer de la France en la croyant digne de la vérité? Peut-être.

Du moins ai-je eu le tort de parler à un peuple que ses passions exaltées mettaient hors d'état de m'entendre? Suis-je plus sage aujourd'hui?

CHAPITRE V.

Comment les deux Chambres doivent être formées
quand elles sont toutes deux électives.

Lorsque les deux Chambres sont électives,
il devient de la plus haute importance pour le
trône qu'elles soient, l'une et l'autre, nommées
suivant le même système d'élection.

Et, en effet, si les deux Chambres ne sont pas
nommées par les mêmes électeurs, il faudra nécessairement que l'une des deux le soit par le
roi ou par une classe particulière d'électeurs.

Si cette Chambre est nommée par le roi, elle
perd sur le champ toute son indépendance aux
yeux de la nation, et, par la suite, toute son influence morale, c'est-à-dire toute sa force politique. En vain ses membres seront-ils nommés
à vie, le peuple ne supposera jamais aucune liberté d'opinion à des hommes qu'il devra croire

personnellement attachés à la cause du prince, et par le bienfait qu'ils en auront reçu, et par l'espérance d'assurer à leurs enfans la continuation de sa faveur.

Si cette même Chambre est nommée par une classe particulière d'électeurs, autre inconvénient non moins grave. Il faudra que la nation soit partagée en deux catégories : l'une, composée du gros de la nation, et l'autre, des citoyens les plus distingués par leur naissance et par leur fortune.

Or, dans un pareil état de choses, la Chambre nommée par la grande masse de la nation sera toujours censée représenter la nation; tandis que l'autre ne sera censée représenter qu'une fraction de la nation; et il en résultera que, dans le jeu de la machine politique, la première sera tout, et l'autre rien.

Mais ce n'est encore là que le moindre danger d'un pareil système; le grand mal qui en dérive, le mal sans remède, c'est qu'au moyen de cette division de la société en deux classes, l'influence politique des hautes classes se trouve entièrement perdue pour le trône et pour l'ordre public, puisque cette influence, employée seulement à la composition d'une Chambre nécessairement sans pouvoir ne concourt en aucune manière à la composition de la Chambre dans laquelle réside *en fait* toute la force du corps représentatif.

Au contraire, lorsque les deux Chambres sont nommées suivant le même mode d'élection, alors les hautes classes de la société, concourant avec les classes inférieures à la composition de chacune des deux Chambres, il en résulte que l'influence des hautes classes, cette influence si indispensable au maintien du trône et de la Constitution, s'exerce dans toute son étendue, et se trouve ainsi en mesure de prêter à la couronne tout l'appui qu'elle a droit d'en attendre.

C'est donc, dans un système de gouvernement modelé sur celui de la Charte de 1814 ou de la Charte de 1830, une bien fatale pensée que l'on suggérerait à la noblesse, en lui conseillant de réclamer la nomination exclusive des membres de la Chambre des pairs. Une Chambre des pairs ainsi composée, ne jouirait d'aucune considération dans le pays, et ne serait d'aucun poids dans le gouvernement. La noblesse ne pouvant en outre obtenir un pareil privilége que sous la double condition de demeurer absolument étrangère à l'élection des membres de la Chambre des députés et d'être exclue de cette Chambre, il s'ensuivrait qu'elle perdrait toute son influence dans l'Etat, et qu'elle serait plus annulée et plus pulvérisée, pour ainsi dire, qu'elle ne l'a jamais été. C'en serait fait aussi de tout espoir de modération et de sagesse dans la Chambre des députés. Privée du concours des citoyens les plus intéressés au maintien de l'ordre public, cette Chambre serait plus entièrement livrée que nous ne l'avons vue encore, aux intérêts démocratiques. Le désordre s'établirait dans les élémens mêmes de la souveraineté; et ce nouveau système électoral ne ferait qu'ouvrir une nouvelle série de révolutions.

~~~~~~

CHAPITRE VI.

S'il est plus conforme à l'esprit de la monarchie représentative qu'une des deux Chambres soit héréditaire.

Lorsque le système électoral est organisé de la manière qu'il doit l'être pour que la monarchie représentative soit un gouvernement possible, c'est-à-dire lorsque ce système est assis sur des intérêts héréditaires; comme alors il n'en peut sortir que des Chambres dévouées au principe de la royauté, il n'y a pas nécessité absolue pour le trône que l'une des deux Chambres soit héréditaire.

Nous avons vu, en effet, sous l'ancienne monarchie, toute la partie de la puissance législative qui n'appartenait pas à la couronne, exercée, sans danger pour elle, tantôt par des corps électifs, tels qu'étaient les États-Généraux; tantôt par des corps à la nomination du roi, tels qu'étaient les Parlemens. Il suffisait à la sûreté du
~~~~~~

trône que, d'après la loi de leur formation, ces corps dussent être composés en majorité de citoyens dévoués au principe de la monarchie.

Mais s'il n'est pas absolument nécessaire à la royauté, il est du moins pour elle de la plus haute importance que l'une des deux Chambres soit héréditaire.

Je ne répéterai point ici les nombreux argumens développés dernièrement avec tant d'éloquence dans chacune des deux Chambres, et qui ont porté à un si haut degré d'évidence la nécessité de l'hérédité d'une des deux Chambres législatives. J'ajouterai seulement que, de quelques priviléges que les électeurs puissent être investis, il n'en est aucun qui promette à la royauté un appui plus solide que le privilége de l'hérédité législative : privilége qui identifie à la royauté le corps qui le possède, qui le fait voir et sentir comme elle, et qui lui inspire le même esprit de résistance contre toutes les innovations qui pourraient porter atteinte à l'ordre établi.

Il ne suffit pas d'ailleurs à la royauté de s'être assuré, par de sages combinaisons, le dévouement et la fidélité des deux Chambres; il faut encore qu'elle s'assure le respect des peuples. Or, il n'est pas d'institution plus propre à le lui concilier que l'établissement d'une Chambre des pairs héréditaire, que les peuples voient s'élever à une grande hauteur au-dessus des premières situations sociales, et au-dessus de laquelle ils aperçoivent encore la royauté se perdre dans des flots de lumière.

Une Chambre des pairs héréditaire offre aussi cet avantage sur une seconde Chambre élective, de représenter les hauts intérêts de la société, et surtout un ordre d'idées autre que celui qui domine dans le peuple au moment des élections, lequel est le seul qui soit représenté lorsque les deux Chambres sont électives.

Il faut encore ajouter que, si les deux Chambres sont électives, il n'y a pour la couronne, en cas de dissentiment entre elle et la nation sur quelqu'innovation dangereuse, aucun moyen possible de soutenir ses droits; tandis que si l'une des deux Chambres est héréditaire, comme il est alors à supposer que la Chambre des pairs ne partagera pas l'entraînement général, il s'ensuit que la couronne, bien qu'il lui soit encore difficile, avec le secours de la Chambre des pairs, de balancer l'opinion de la Chambre élective, peut espérer néanmoins de différer plus ou moins long-temps la décision de la question, et profiter de ce temps pour ramener la nation à des sentimens plus modérés.

Là suppression complète de tous titres et de tout pouvoir héréditaire ne tarderait pas d'ailleurs à accréditer cette opinion, malheureusement trop spécieuse et contre laquelle le trône devrait finir par se briser, que toute fonction publique ne doit être confiée qu'à des hommes d'un talent éprouvé, et que c'est l'acte d'un peuple barbare de placer par avance le pouvoir entre les mains d'un inconnu, qui sera peut-être, de tous les citoyens, le plus incapable et le plus indigne de l'exercer.

Enfin, une Chambre des pairs héréditaire ne mérite pas moins la préférence sur une Chambre de la noblesse que sur une seconde Chambre élective, par cette importante considération, que, tandis qu'une Chambre de la noblesse ne peut jamais s'offrir aux yeux des peuples que comme une Chambre créée dans l'intérêt particulier d'une certaine classe de citoyens, une Chambre des pairs héréditaire s'y présente au contraire comme une Chambre créée dans l'intérêt d'une grande institution nationale : l'intérêt de la royauté, et comme ayant droit, par cela même, au respect et à la confiance de tous les citoyens.

Au reste, que la Chambre des pairs soit héréditaire ou élective, qu'elle soit nommée par le roi ou par le peuple, le trône n'en recevra pas plus d'appui, s'il se trouve en présence d'une Chambre élective nommée exclusivement ou en majorité par la démocratie.

On ne saurait assez le répéter : la question de la stabilité de la monarchie représentative n'est pas dans le pouvoir constitutionnel de la couronne ni dans les priviléges de la Chambre des pairs; elle est tout entière dans l'organisation de la Chambre élective. Que cette organisation soit bien faite, celle de la Chambre des pairs sera toujours assez bonne.

CHAPITRE VII.

Des conséquences générales de l'établissement d'une Chambre héréditaire.

CE serait se tromper étrangement que de conclure des droits constitutionnels d'une Chambre des pairs héréditaire, qu'elle aura, dans le jeu ordinaire de la machine politique, un grand pouvoir à porter au secours de la royauté.

Lorsque le corps représentatif est composé de deux Chambres, l'une élective et l'autre héréditaire, le pouvoir politique se fixe *tout entier* dans la Chambre élective, laquelle est censée représenter la nation; et la Chambre héréditaire ne peut conserver qu'une influence *indirecte* dans les affaires. Elle ne jouit même de cette influence qu'autant qu'en dehors de ses attributions légales elle possède un pouvoir *de fait* qui lui donne de l'importance auprès de la nation et de la Chambre élective ; car, ainsi que nous l'avons fait observer mille fois, *le droit sans la force ne signifie absolument rien*. Une Chambre hérédiaire qui n'aurait d'autre pouvoir que celui de faire la loi et de voter l'impôt concurremment avec la Chambre élective, ne serait, dans la Constitution, qu'un rouage inutile ; elle se verrait toujours réduite à voter l'impôt voté, et à adopter la loi adoptée par la Chambre élective.

Il faut donc non seulement que la Chambre des pairs soit composée d'hommes puissans dans la nation par leur naissance, leurs richesses et leurs lumières ; mais il faut encore que cette Chambre, par l'effet de certaines institutions ou de certains priviléges, exerce une influence réelle sur la composition de la Chambre élective. Ce n'est que sous cette condition que les deux Chambres pourront marcher de front, et que la Chambre élective pourra être arrêtée dans ses empiètemens sur la Chambre des pairs.

Sans cette condition encore, les deux Chambres n'ayant aucun intérêt à s'entendre, il est impossible qu'elles ne soient pas souvent divisées sur certaines questions, ce qui rendra tôt ou tard le gouvernement impossible ; car, comme sur chaque question où s'établira une lutte entre les deux Chambres, on ne peut pas faire une fournée de pairs, il s'ensuit que la Chambre des pairs devra un jour être abolie par la Chambre élective, ou dégoûtée de sa servilité, ou irritée de son indépendance; que par conséquent la couronne devra se trouver un jour en présence d'une Chambre unique, et que par conséquent encore la royauté devra être un jour remplacée par la république.

Une autre conséquence de l'institution d'une Chambre des pairs héréditaire, c'est que le nombre des pairs soit illimité, afin que s'il venait à se former dans le sein de cette Chambre une majorité systématiquement hostile aux droits du prince ou aux libertés publiques, il fût au pouvoir de la couronne de briser cette majorité. Une Chambre des pairs héréditaire, composée d'un nombre irrévocablement déterminé, forcerait nécessairement un jour la royauté ou le peuple de recourir à un coup d'État.

Tout cela, je le sais, est loin, bien loin de la vérité. Quoi de plus étrange en effet qu'une Chambre des pairs à laquelle il faut donner, sous peine de la rendre illusoire, une influence plus ou moins étendue sur la formation de la Chambre des communes; et à laquelle il faut donner aussi, pour l'empêcher de devenir trop puissante, la crainte continuelle d'une nouvelle création de pairs? Mais il ne faut jamais perdre de vue que la monarchie représentative *n'est elle-même qu'une fiction,* un système impossible en soi, et qui ne peut être réalisé qu'autant que les contradictions qu'il renferme sont corrigées par des institutions tendantes à ramener à l'unité politique les différentes parties du gouvernement.

CHAPITRE VIII.

Autres conséquences
de l'établissement d'une Chambre héréditaire.

Tout s'enchaîne dans l'ordre politique comme dans l'ordre matériel. Telle institution entraîne telle autre institution, comme telle cause entraîne tel effet.

Il y a, dans toutes les choses de ce monde, une harmonie nécessaire qui se fait sentir à toutes les intelligences. Le privilége appelle le privilége; de hautes prérogatives appellent des prérogatives d'un ordre inférieur. L'hérédité de la pairie ne peut s'introduire dans les mœurs si elle est la seule qui soit établie dans l'Etat. Elle trancherait trop brusquement avec toutes les inégalités dont elle se verrait entourée. Elle doit descendre jusqu'au peuple par des hérédités successives qui, s'emparant de ses habitudes, se présentent à son esprit comme une seconde condition de l'état de société. Alors il s'accoutume à l'hérédité du pouvoir comme à l'hérédité des biens, et il vit heureux et calme sous cette double nécessité de tout gouvernement monarchique.

Si donc il est de l'essence de la monarchie représentative que le système électoral soit fondé sur des intérêts héréditaires, à bien plus forte raison en doit-il être ainsi lorsque l'une des deux Chambres qui composent le corps représentatif, est une Chambre héréditaire. L'existence d'autres intérêts héréditaires dans l'État devient alors indispensable pour former la base sur laquelle devra s'élever la Chambre héréditaire. Sans toutes ces hérédités secondaires, intéressées à maintenir la sienne, cette Chambre, isolée au milieu de la nation, devient l'objet d'une animosité générale ; ses décisions ne sont d'aucun poids, et les préventions qui la poursuivent s'étendent jusque sur le trône.

CHAPITRE IX.

Que la Constitution d'une monarchie représentative
ne peut être faite par le peuple.

LE plus grand reproche que l'on ait fait à la
Charte de Louis XVIII, c'est d'avoir été *octroyée.*

Ecoutez M. Sauzet (1) :

« Pendant le long espace qui s'écoula depuis
« 1814 jusqu'à notre époque, la restauration, di-
« sons-le ici avec courage, a beaucoup fait pour
« le bien du pays. Toutefois, une défiance géné-
« rale occupait tous les esprits; et quand la cou-
« ronne faisait des concessions, on se plaignait
« que ces concessions émanassent d'une Charte
« *octroyée,* et révocable à volonté. »

Ecoutez encore M. Guizot (2) :

(1) Procès des ministres, séance du 19 décembre 1830.
(2) Séance du 29 décembre 1830.

« Quand la Charte parut en 1814, que fit le
« pouvoir ? Il eut soin de déposer, dans le préam-
« bule, le mot *octroyé*, et, dans le texte, l'art. 14,
« qui lui donnait la faculté de faire des ordon-
« nances pour la sûreté de l'Etat ; c'est-à-dire
« qu'il s'attribuait avant la Charte et se réservait
« après la Charte, un droit antérieur, extérieur
« à la Charte, ou le pouvoir souverain, consti-
« tuant, absolu. C'est ce pouvoir, ou plutôt cette
« prétention, qui a fait pendant quinze ans le
« tourment de la France..... C'est contre ce pou-
« voir extra-constitutionnel que la Chambre, au
« mois de mars, a fait son adresse à la couronne.
« C'est contre ce pouvoir que la France s'est sou-
« levée au mois de juillet. »

Ainsi, tel est encore aujourd'hui l'aveuglement
général des esprits, ou plutôt telle est la profonde
ignorance dans laquelle on est plongé en France
en matière de gouvernement, que, malgré l'expérience de tant de Constitutions successivement
renversées, les hommes les plus distingués tiennent toujours pour constant que c'est dans le
peuple, et dans le peuple seul que réside le droit
de faire la Constitution.

Que l'on élève une pareille prétention en faveur des peuples qui veulent établir une république, on le conçoit facilement. Mais quand il

s'agit d'établir une monarchie, que l'on soutienne encore le droit du peuple à constituer la royauté, c'est là ce qu'il semble impossible d'accorder avec le bon sens.

Dans le cours ordinaire des choses, on ne *fait* pas une Constitution, parce qu'une Constitution n'étant que l'expression des forces politiques existantes à telle époque donnée de la société, il n'est pas en la puissance du législateur d'empêcher ces forces d'être ce qu'elles sont en effet, non plus que de les diriger dans un autre intérêt que le leur. Ainsi donc, un gouvernement *ne se constitue pas, il s'impose.* Il sort tout formé de la tête du plus fort, comme Minerve du cerveau de Jupiter. C'est ensuite l'affaire du plus fort *de contraindre* la nation à s'y conformer.

Voilà les choses telles qu'elles se passent en effet ; tout le reste n'est qu'illusions et mensonges.

Mais veut-on sortir de la réalité pour entrer dans le champ des abstractions ? Veut-on supposer ce qui ne s'est jamais rencontré : une nation sincèrement monarchique, et loyalement assemblée pour délibérer sur le mode de Constitution le plus propre à allier les prérogatives du trône avec les libertés publiques ? A qui, dans cette hypothèse, du roi ou du peuple, doit appartenir le droit de faire la Constitution ?

Si l'on veut que ce soit au peuple, la souveraineté du peuple devient le principe du gouvernement. Alors, plus de royauté.

Plus de royauté, parce que si le peuple a le droit de faire une première Constitution, il a le droit d'en faire une seconde, une troisième, une quatrième; et que s'il a eu le droit, par une de ces Constitutions, d'établir la royauté, il a le droit de l'abolir par une autre.

Prétendra-t-on, contre toute logique, que le peuple n'a droit de faire sa Constitution qu'une seule et première fois; et que, cette Constitution faite, son pouvoir constituant expire entre ses mains? Qu'ainsi soit : voilà la royauté rassurée contre les Constitutions futures; mais qui la rassurera sur les dispositions de la Constitution première qui doit lui être imposée par le peuple?

Le peuple et la royauté ont des intérêts, ou, pour parler plus exactement, des nécessités absolument contraires en ce qui touche l'organisation du gouvernement. Comment donc espérer que le peuple, investi du pouvoir constituant, sacrifiera ses propres nécessités à celles de la royauté?

Le premier besoin de la royauté, et surtout de la royauté héréditaire, c'est de se mettre à l'abri de l'inconstance du peuple, en s'appuyant sur des intérêts en dehors du peuple. Et le premier besoin du peuple, et surtout d'un peuple qui se prétend souverain, c'est de ne souffrir dans l'Etat aucun pouvoir qui ne sorte de lui, qui s'élève au-dessus de lui, ou même qui marche parallèlement à lui. Qu'on accorde, si l'on peut, des intérêts aussi opposés !

Le peuple est-il sincère dans son attachement actuel à la royauté? Il croira cet attachement éternel, et n'imaginera pas que la royauté puisse avoir un appui plus solide que lui-même.

Le peuple est-il au contraire imbu de l'idée qu'un roi est toujours porté à étendre son autorité? Il voudra se ménager les moyens d'empêcher ses envahissemens.

Ainsi, dans tous les cas, le peuple ne fera usage de son pouvoir constituant que pour placer la couronne et l'avenir de la couronne dans sa dépendance absolue; d'où il suit, que de quelques sentimens qu'il soit animé, hostiles ou favorables à la royauté, il est également incapable de constituer une monarchie durable. Voyez la Constitution de 92, et toutes celles qui depuis ont été faites par le peuple : en est-il une seule qui ait pu se maintenir?

Disons les choses comme elles sont : le peuple ne peut jamais établir *qu'une royauté démo-*

cratique, c'est-à-dire une anarchie légale, qui devra toujours aboutir à une révolution.

La royauté a des conditions d'existence qui lui sont propres : il faut qu'elle s'arme à la fois contre l'envie, l'ambition, la haine, et j'oserai presque dire contre la raison même et la vérité, telles du moins qu'elles apparaissent aux masses ignorantes. Il faut donc qu'elle se prémunisse, non seulement contre les attaques de ses ennemis déclarés, mais encore contre les progrès d'une fausse philosophie qui tend sans cesse à égarer l'opinion du peuple sur la nature et sur tous les actes du pouvoir.

Tels sont les besoins cachés de la royauté. Qui pourrait cependant se la représenter réduite à confesser de pareilles alarmes dans le sein d'une Assemblée constituante, et à lui demander des garanties contre la désaffection possible du peuple ? Qui ne gémirait de l'entendre douter du dévouement, du devoir, de la fidélité, de tous les sentimens généreux ; et de la voir, trop malheureusement instruite par l'expérience, fonder tout l'espoir de sa stabilité sur l'ambition, l'orgueil, l'égoïsme et l'avarice ? Ces tristes nécessités doivent-elles s'exposer au grand jour, et ne doivent-elles pas plutôt être soigneusement dérobées aux regards ? Est-il un peuple assez sage pour supporter sans irritation le tableau hideux de ses passions et de ses vices, et assez juste pour excuser le gouvernement de chercher un abri contre leur violence?

C'est donc à la royauté seule qu'il appartient de se constituer; non qu'elle en ait puisé le droit dans une source mystérieuse et sacrée, mais parce qu'ainsi le veut la nature des choses, et parce que seule elle a l'instinct des institutions nécessaires à sa conservation.

Le prince, dira-t-on, fera une Constitution destructive des droits du peuple! N'en croyez rien : il est des choses qui sont hors du pouvoir du prince le plus absolu.

Quand le prince en est réduit à faire une Constitution nouvelle, c'est que déjà en face de lui, se sont élevées certaines forces à l'action desquelles il ne peut se soustraire, et avec lesquelles il est obligé de composer. Mais, par cela même que ces forces ne détruisent pas la royauté, elles ont intérêt que la royauté existe; et il en résulte que le prince trouve, dans l'intérêt de ces forces à l'existence du trône, le pouvoir de résister à celles de leurs exigences qui seraient incompatibles avec la royauté. Le prince est donc mieux placé que tout autre pour faire la Constitution, puisqu'en même temps qu'il est obligé de satisfaire aux prétentions raisonnables du peuple, il lui est cependant impossible de perdre de vue les besoins de la couronne; besoins que le peuple sacrifierait nécessairement à la crainte de diminuer ou d'anéantir ses propres droits.

Ce n'est donc point, on ne saurait trop le répéter, parce que la royauté a plus de droits que le peuple de faire la Constitution, qu'il est nécessaire qu'elle la fasse; c'est parce qu'il n'y a qu'elle qui puisse la bien faire, qui puisse l'établir sur des bases durables, qui puisse enfin la préserver des contradictions radicales que renferment toujours les Constitutions faites au nom du peuple.

Avouons cependant que le droit reconnu au prince de faire la Constitution n'est pas exempt de dangers. On peut, en effet, appliquer au prince, revêtu du pouvoir constituant, ce que j'ai dit du peuple, revêtu du même pouvoir. Si le prince a droit de faire la Constitution, il aura droit de la changer et d'enlever au peuple toutes les franchises qui lui auraient été primitivement reconnues. D'un côté comme de l'autre, le même pouvoir peut commettre les mêmes excès.

Je suis loin cependant de mettre sur la même ligne la probabilité de ces excès. En présence de l'esprit de liberté qui résulte nécessairement du jeu de la machine représentative, il est peu à craindre qu'un prince, dont l'autorité serait d'ailleurs assurée par une Constitution véritablement monarchique, aille engager sa couronne et peut-être sa vie dans une entreprise criminelle contre les droits de ses sujets. Mais, à ceux que cette considération ne rassurerait pas, je ne sache rien à répondre, sinon que le danger qu'ils redoutent est inhérent à la nature du pouvoir constituant, quelque part qu'il soit placé.

Aussi, s'est-il formé une troisième opinion qui, pour mettre la Constitution à l'abri tout à la fois du pouvoir royal et du pouvoir populaire, veut que le droit de faire la Constitution n'appartienne en particulier ni au roi ni au peuple; mais qu'il appartienne *au roi et au peuple réunis.*

Cette opinion, qui semble en effet concilier tous les droits et rassurer toutes les craintes, ne pourrait cependant être adoptée sans péril pour la royauté, qu'autant que la société à laquelle on voudrait en faire l'application, serait une société déjà monarchique : c'est-à-dire une société *dont le mode légal et antérieur de représentation fût tel, que les intérêts monarchiques s'y trouvassent nécessairement en majorité dans le corps représentatif appelé à devenir le corps constituant.* C'est ainsi que l'on conçoit qu'une nouvelle Constitution aurait pu être établie autrefois en France, par le concours du roi et des Etats-Généraux, alors que ces Etats étaient composés des députés séparés du clergé, de la noblesse et du tiers-état; c'est-à-dire des députés de deux corps attachés à la couronne par les intérêts les plus directs et les plus positifs, et des députés d'un troisième corps dont la majorité des membres plaçaient l'obéissance au roi au nombre de leurs devoirs religieux.

Mais si la société que l'on veut adjoindre au roi dans l'exercice du pouvoir constituant, n'est pas une société *déjà monarchique,* et, bien plus encore, si elle est dominée par une faction anti-monarchique, il faut bien se garder de lui donner aucune part dans la formation de la Constitution, parce qu'il sera impossible d'en obtenir les institutions nécessaires à la royauté; et qu'alors il faudra de deux choses l'une : que le roi accepte une Constitution renfermant le germe d'une révolution prochaine, ou qu'il imagine quelque mode illusoire pour faire accepter à la nation la Constitution qu'il aura faite lui-même.

Ainsi, nous poserons comme règle générale que, lorsqu'il s'agit d'établir une monarchie, la nation ne peut être appelée à prendre part à la formation de la Constitution qu'autant qu'elle est déjà organisée de manière que, de son concours avec le roi, il doive résulter une Constitution monarchique.

A quoi servent au reste ces interminables discussions sur l'origine du pouvoir? La seule chose qui importe véritablement au peuple, c'est que le pouvoir lui procure tous les avantages qu'il peut recueillir de l'état de société. Une famille est sur le trône : qu'elle s'y soit établie par la force, qu'elle y ait été élevée par la volonté du peuple ; que fait cela au peuple d'aujourd'hui, au peuple qui vit heureux ou malheureux sous ses lois? Son bonheur lui sera-t-il moins cher parce que le prince aura puisé son pouvoir dans le droit de conquête; ou son malheur plus supportable parce que le prince aura puisé son pouvoir dans une élection faite il y a mille ans? Mais, dira-t-on, si le prince a été élu par le peuple, le peuple opprimé aura *le droit* de le renverser du trône! Le droit? Eh! depuis quand le peuple est-il allé consulter ses titres pour se soulever contre la tyrannie? Ne sait-il pas bien d'avance que, soit qu'il ait ou non concouru à l'élection de son prince, sa révolte ne sera jamais justifiée que par le succès?

Quels sont, en définitive, les vrais besoins d'un peuple? Est-ce la reconnaissance d'un droit de souveraineté qui ne fait que le rendre ingouvernable, et qui ne lui est d'aucun usage dans la pratique? Est-ce l'égalité des rangs, qui, quoi qu'il fasse, seront toujours distincts? Est-ce le droit de choisir ses magistrats, qui lui seront toujours imposés par quelque cabale? Non, ce n'est rien de tout cela : c'est la liberté individuelle, c'est la liberté de conscience, c'est le respect de la propriété, c'est une sage liberté de la presse, c'est la liberté de l'enseignement, c'est enfin l'admissibilité de tous les citoyens à tous les emplois publics. Quand un peuple jouit de ces avantages, et qu'il est en outre investi du droit de coopérer, *par l'organe de ses premiers citoyens,* à la formation de la loi et à l'établissement de l'impôt, il est heureux, il est libre, de quelque manière d'ailleurs que sa Constitution ait été établie.

On a dit de Montesquieu, qu'il avait fait *de l'esprit sur les lois;* c'est à qui en fera aujourd'hui sur les prétendus progrès de l'esprit humain. S'il faut en croire des hommes d'un haut mérite (1), mais qui ont aussi sacrifié à l'orgueil

______

(1) *L'Avenir,* 15 janvier 1831.

du siècle, les peuples ont été d'abord plongés dans une longue enfance, et il était nécessaire alors que leur liberté *fût gênée,* pour qu'ils n'en fissent pas un mauvais usage. Depuis, ils sont entrés dans l'adolescence, et cet âge fut pour eux, comme pour les individus, *l'âge des passions fougueuses, des penchans généreux et d'une brûlante activité.* Alors encore il eût été dangereux *de les abandonner entièrement à eux-mêmes,* et de les mettre en possesion de leurs droits; mais aujourd'hui ils ont atteint *la maturité de l'homme parfait,* et il leur appartient de se gouverner eux-mêmes.

En admettant ce développement progressif de l'intelligence des peuples, je ne vois pas, je l'avoue, à quels signes on peut reconnaître qu'ils sont parvenus aujourd'hui à leur époque de maturité, et je suis loin d'apercevoir *cette raison plus éclairée et plus grave qui se manifeste chez eux.* Dans quel temps, au contraire, leurs passions ont-elles été plus ardentes, leurs idées plus vagues, leurs doutes plus profonds et plus affreux?

Voyez ces hommes qui prétendaient avoir trouvé la vraie science du gouvernement! voyez-les en France, en Suisse, en Belgique! Que peuvent-ils parvenir à fonder? Qu'ont-ils fait de ces principes qui devaient être si féconds? A peine leur eurent-ils demandé les élémens d'un ordre nouveau, qu'épouvantés de l'anarchie qui allait en sortir, ils se sont les premiers efforcés de les étouffer.

Non, les peuples ne seront jamais aptes à se gouverner, parce qu'ils auront toujours les mêmes passions, et qu'ils seront toujours dans la même enfance. Le pouvoir dont ils avaient besoin hier pour les protéger contre leurs propres excès, ils en ont besoin aujourd'hui, ils en auront besoin demain et dans tous les temps, parce que, dans tous les temps, chaque classe de la société portera une haine profonde à la classe qui la précède immédiatement dans la hiérarchie sociale.

C'est donc au prince et aux premiers citoyens qu'il appartient de constituer le pouvoir; c'est à eux, parce qu'ils ont plus d'intérêt que tous autres à donner une base solide au gouvernement, et parce qu'eux seuls connaissent *par instinct* les véritables besoins du pouvoir; besoins qui ne se révèlent aux autres citoyens que par les leçons de l'expérience, et lorsqu'il n'est plus temps d'y pourvoir.

CHAPITRE X.

Des institutions qui accompagnent ordinairement la monarchie représentative, et des règles qui leur sont applicables.

L'esprit d'indépendance, qui fait d'une monarchie tempérée une monarchie représentative, ne se borne pas à poser les règles de la participation du peuple à la puissance législative; il porte encore les sujets à réclamer le droit de nommer leurs magistrats municipaux, de gérer leurs affaires locales, de statuer sur les accusations intentées par le gouvernement, et de publier librement leurs opinions : d'où il suit que d'un côté le peuple se trouve placé hors des atteintes du pouvoir royal, tandis que de l'autre le pouvoir royal se trouve livré à la merci des autorités administratives, des jurés et des journalistes.

De pareilles concessions ne peuvent donc être faites par la royauté que dans de certaines limites et sous de certaines conditions; car il ne lui suffit pas que la puissance législative ait été mise, par une sage organisation des colléges électoraux, en harmonie avec les prérogatives réservées au trône; il faut encore que les lois ne puissent point être entravées dans leur action par les dispositions hostiles des autorités administratives et des jurés, et surtout que l'Etat ne soit point exposé chaque jour à de nouveaux bouleversemens par les excès de la presse périodique.

Les mêmes règles que nous avons indiquées pour la nomination des membres de la Chambre élective, doivent donc être étendues à la nomination des administrateurs et des jurés, puisque la stabilité du trône exige que non seulement les membres du corps représentatif, mais aussi les administrateurs et les jurés soient attachés à sa conservation par des intérêts personnels.

Cette conséquence, du moins en ce qui concerne l'influence de la royauté sur la composition des diverses autorités administratives, ne présentera rien d'extraordinaire. Tous les publicistes s'accordent jusqu'ici sur la large part qui doit être laissée à la couronne dans la nomination aux divers emplois de l'administration publique; mais il n'en est pas de même en ce qui concerne le jury et la presse périodique.

La composition du jury n'a encore été envisagée, par le législateur, que sous le rapport des fonctions que les jurés sont appelés à remplir; jamais sous le rapport des garanties qu'ils doivent offrir au gouvernement.

Aussi, qu'est-il arrivé? C'est que les jurés, choisis comme les électeurs dans une classe de citoyens sinon hostile, du moins entièrement indifférente à la royauté, ne se sont jamais fait un devoir de la défendre ni de la protéger, et que le glaive de la justice est devenu une arme impuissante entre les mains du gouvernement.

Le gouvernement ne peut cependant pas plus renoncer au droit de punir les attentats commis contre son autorité, qu'il ne peut renoncer au droit de repousser la force par la force, lorsqu'il est attaqué à main armée. Dans l'un comme dans l'autre cas, il s'agit pour lui du droit de légitime défense; et si les hommes sont faits ainsi, qu'on ne puisse compter sur leur fidélité à remplir leur devoir qu'autant qu'ils ont intérêt à le remplir, il s'ensuit que le gouvernement ne peut transmettre le droit de punir les atteintes portées à l'ordre établi, qu'à une classe de citoyens intéressés au maintien de cet ordre.

On objectera peut-être que dans un pareil système il n'y a plus pour les accusés aucune impartialité, ni par conséquent aucune justice à attendre des tribunaux. Mais témoigner une pareille crainte, c'est méconnaître tous les principes de l'administration de la justice criminelle.

La répression des crimes est fondée non seulement sur l'horreur du juge pour le crime en lui-même, mais sur l'intérêt qu'il a à le détruire. L'état social ne pourrait se maintenir, si ceux qui sont chargés de le défendre n'étaient mus par des considérations plus puissantes et plus directes que les considérations puisées dans la morale et dans la loi naturelle. C'est *aux propriétaires* que la loi a confié le droit de punir le vol ; c'est aux citoyens *désarmés et se reposant sur la foi publique,* qu'elle a confié le droit de punir le meurtre. Faites juger les voleurs et les assassins par des hommes en état de guerre contre la société, ou n'ayant rien à perdre à la violation du droit de propriété, les voleurs et les assassins ne soulèveront en eux aucune indignation, et seront toujours renvoyés absous.

Il en est de même en matière de gouvernement. Si le droit de punir les conspirateurs est remis à des hommes indifférens au mode spécial du gouvernement établi dans le pays, tout attentat contre ce gouvernement ne sera à leurs yeux qu'une entreprise innocente, si même il ne leur semble pas une entreprise louable; et le gouvernement, sans défense, sera toujours l'objet d'attaques continuelles, auxquelles il finira par succomber.

Ainsi les principes qui doivent présider à l'organisation du jury, considéré comme institution politique, sont les mêmes que ceux qui doivent servir de base à l'organisation des colléges électoraux et des administrations communales et provinciales.

Quant à la presse périodique, nous renvoyons le lecteur à ce que nous avons dit dans le chapitre ix du livre II, sur la nécessité de la soumettre à une surveillance sévère. Cette surveillance, une fois reconnue indispensable, rentre au nombre de ces fonctions vitales de la monarchie représentative, que la royauté ne peut abandonner qu'à des hommes qui lui offrent des garanties de dévouement. Les membres des différentes commissions de surveillance de la presse périodique doivent donc être assimilés aux administrateurs et aux jurés, et soumis aux mêmes règles et aux mêmes conditions.

CHAPITRE XI.

Résumé.

Nous venons de découvrir, à l'aide du simple bon sens, les principales conditions de la monarchie représentative telle qu'elle est organisée par le gouvernement des trois pouvoirs. Rappelons-les en peu de mots.

1° Le système électoral doit être combiné de manière que les deux Chambres soient toujours composées en majorité de citoyens attachés au principe de la royauté *par des intérêts héréditaires.*

2° Il est plus conforme à l'esprit de ce mode de gouvernement qu'une des deux Chambres seulement soit élective, et que l'autre soit héréditaire.

3° Si les deux Chambres sont électives, elles doivent être nommées toutes deux par les mêmes électeurs.

4° Si l'une des Chambres est héréditaire, il faut que, par l'effet de certaines institutions, elle possède dans l'Etat une puissance quelconque en dehors de ses attributions constitutionnelles, et que cette puissance s'exerce principalement sur la composition de la Chambre élective.

5° S'il y a lieu de faire une Constitution écrite, il sera préférable qu'elle soit faite par le prince; mais si la défiance ou les préjugés du peuple exigent absolument que la Constitution soit soumise à la sanction d'une assemblée nationale, les membres de cette assemblée devront être choisis en majorité dans les classes de citoyens les plus intéressés par leur position sociale à l'établissement d'une monarchie.

6° Si la nation, indépendamment de sa participation à la puissance législative, est encore investie du droit de nommer ses magistrats municipaux, d'administrer ses intérêts locaux, de statuer sur les accusations intentées par la couronne, et de publier librement ses opinions, il est essentiel à la stabilité de la Constitution que les jurés, les membres des administrations communales et provinciales, et ceux des différentes commissions de surveillance de la presse périodique soient nommés d'après le même système que les membres du corps représentatif.

Telles sont les conditions vitales de la monarchie représentative, et hors desquelles cette forme de gouvernement doit infailliblement dégénérer en république.

Le propre de la monarchie représentative étant de mettre en jeu toutes les différentes forces politiques existantes dans l'Etat, il suffit, nous le répétons, des seules lumières de la raison pour prévoir les conséquences de ce mouvement.

Nous allons sortir maintenant du cercle des hypothèses pour voir la monarchie représentative en action dans le pays même où elle a pris naissance. Nous la suivrons dans les ressorts secrets qui la font mouvoir ; et, de cet examen, résultera la conviction que les principes que nous avons exposés sont ceux mêmes qui servent de base à la Constitution anglaise, ceux qui font sa force et sa stabilité, ceux enfin qui seuls peuvent tenir rassemblés en un même faisceau les intérêts divers qui surgissent de la propriété, du barreau, du commerce et de l'agriculture : intérêts qui, sans ce lien commun, se disputeraient la prééminence, et plongeraient l'Etat dans le plus affreux désordre.

CHAPITRE XII.

Nouvelles réflexions sur la Constitution anglaise.

ASSEMBLAGE bizarre des élémens les plus contradictoires, la Constitution anglaise n'a pas été inventée. Jamais législateur n'a conçu la pensée de placer la souveraineté dans un roi héréditaire, une Chambre des pairs héréditaire et une Chambre des communes élue suivant un mode déterminé. Cet état de choses est l'effet du hasard, et s'est formé d'une manière pour ainsi dire inaperçue, par une succession d'évènemens isolés et de concessions particulières, dont les résultats, tels que nous les voyons aujourd'hui, n'ont pu être prévus par personne.

De temps immémorial, les rois d'Angleterre, comme tous les rois sortis du système féodal, étaient dans l'usage de consulter leurs grands vassaux dans les affaires importantes. Ils les rassemblaient dans un grand conseil , appelé sous les rois saxons *Wittenagemot,* et qui prit, sous Guillaume , le nom de *Parlement.*

Cet usage ne s'appuyait sur aucune convention passée entre les rois et leurs grands vassaux; mais il se fondait sur la nécessité même des choses, qui, ne permettant pas aux rois de rien entreprendre d'important avec leurs propres forces, les obligeait de recourir à celles de leurs vassaux , et de soumettre par conséquent à leur approbation les divers projets qu'ils méditaient.

Comme ce n'était jamais que dans leur intérêt particulier que les rois assemblaient les parlemens, ils n'y appelaient aussi que les grands dignitaires de l'Eglise , et, parmi les grands vassaux , ceux seulement dont l'appui leur paraissait nécessaire dans l'affaire spéciale qui faisait l'objet de la convocation du parlement. Mais bientôt ces mêmes seigneurs, après avoir été appelés au parlement un certain nombre de fois, prétendirent avoir le droit de l'être toujours; et ils parvinrent, non seulement à se faire reconnaître ce droit, mais encore à l'assurer à leur postérité. Telle est l'origine de la Chambre des pairs.

De nouvelles circonstances modifièrent bientôt cette première Constitution du parlement.

Les rois ne se bornaient pas toujours à appeler

des barons dans le parlement, c'est-à-dire des seigneurs relevant immédiatement de la couronne. Quelquefois aussi ils y appelaient d'autres personnages, illustres par leur naissance et leur grande capacité. De là, le droit des rois de faire des pairs à volonté.

Enfin l'importance que prirent bientôt les parlemens, fit naître *à tous les propriétaires de petites baronies relevant directement du roi,* le désir d'être admis dans cette assemblée. Ils y avaient autant de droits que les grands barons (que l'on appelait déjà *barons parlementaires*), puisqu'ils tenaient le même rang dans la hiérarchie féodale. Mais comme il était impossible que tous ces propriétaires pussent entrer à la fois dans le parlement, sans qu'il n'en résultât un encombrement nuisible à l'expédition des affaires, on leur permit seulement d'y envoyer un certain nombre de députés, lequel, subordonné d'abord à la volonté du roi, fut enfin fixé à deux par comté.

Ces députés *des petits barons* s'assemblaient et délibéraient avec les pairs; de sorte que le parlement consistait dans une seule Chambre, composée des pairs héréditaires et des députés *des petits barons* qu'on appelait *chevaliers*.

Les villes et les bourgs ne concouraient alors en aucune manière à la composition du parlement. Seulement, comme il était d'usage qu'outre les subsides votés par le parlement, le roi demandât encore aux principales villes du royaume quelques subventions particulières, ces villes nommaient des députés pour se concerter avec les commissaires du roi sur le montant de ces subventions ; et il arrivait souvent qu'en retour de ces subventions, en quelque sorte volontaires, elles obtenaient de la couronne la concession de quelques franchises, ou le redressement de leurs griefs.

Les choses demeurèrent en cet état jusqu'en 1265, époque de la révolte du fameux comte de Leicester, qui, s'étant emparé de la personne du roi après la bataille de Lewes, et voulant se concilier les classes moyennes pour se maintenir au pouvoir contre les partisans d'Henri III, fit entrer dans le parlement les députés des villes et des bourgs, les réunit aux pairs et aux députés des petits barons, et opéra ainsi la division de ce corps, devenu trop nombreux, en deux Chambres distinctes.

Il ne paraît pas cependant que cette nouvelle et importante modification dans la Constitution du parlement se soit établie alors d'une manière durable. Ce ne fut qu'au commencement du quatorzième siècle et sous Edouard Ier, que les députés des villes furent définitivement appelés au parlement; et encore, dans les premiers temps, n'en faisaient-ils point partie intégrante. Ils n'y étaient consultés sur aucune affaire générale; leurs fonctions se bornaient, comme originairement, à fixer le montant des impôts de leurs villes. Ils délibéraient même sur ces impôts séparément des pairs et des chevaliers.

On ne sait pas d'une manière précise à quelle époque les députés des villes et des bourgs commencèrent à délibérer avec les députés des comtés; ni à quelle époque ils se séparèrent, ainsi que ces derniers, des pairs héréditaires, et formèrent une Chambre à part. On ignore aussi quel fut le vrai motif de cette séparation. Peut-être ne put-on s'accorder sur la manière de recueillir les votes. Peut-être aussi parut-il naturel d'établir une distinction tranchée entre ceux des membres du parlement qui tenaient de leur naissance ou de leurs baronies le droit de siéger au parlement, et ceux qui n'y siégeaient *qu'à titre de mandataires des petits barons,* ou *des bourgeois des villes.* Chose étrange : l'histoire est rauette sur un point aussi important !

Toutefois, et pendant un siècle encore, il continua de subsister une différence immense entre les députés des comtés et les députés des villes.

Bien que réunis dans une même assemblée, les premiers restaient seuls investis du droit de délibérer sur les affaires publiques; et les fonctions des seconds demeuraient toujours circonscrites dans le vote spécial de l'impôt : mais il était difficile que, présens aux délibérations des chevaliers, ils ne fussent pas quelquefois consultés sur les affaires en discussion ; qu'ensuite ils n'obtinssent pas le droit de donner leur avis, et enfin celui de voter sur toutes les questions. Ce fut en effet ce qui arriva; et dès la fin du quatorzième siècle, ils avaient conquis les mêmes droits politiques que les députés des comtés, et se trouvaient confondus avec eux sous la dénomination générale de *députés des communes.*

C'est ainsi que fut successivement constitué le parlement d'Angleterre, et que ce corps, consistant d'abord dans une assemblée unique composée des hauts-barons convoqués par le roi; puis composé de pairs héréditaires à la nomination du roi ; puis enfin composé de pairs héréditaires et des députés des petits barons, se vit, par le laps du temps et le concours de différentes circonstances, divisé en deux Chambres : l'une, composée exclusivement de pairs héréditaires à la nomination du roi ; et l'autre, des députés des petits barons et de ceux des villes et des bourgs.

Ce parlement, qui subit tant de variations dans sa forme, en subit de bien plus importantes encore dans la nature de son pouvoir, lequel alla toujours s'augmentant à mesure que le parlement représenta un plus grand nombre d'intérêts; et ce même corps, qui dans l'origine n'était autre chose que *le grand-conseil du roi,* parvint insensiblement à entrer en participation de la puissance législative, et à devenir ainsi partie intégrante de la souveraineté. Son pouvoir est même arrivé à ce point, que c'est aujourd'hui un principe reconnu, *que le roi ne peut refuser sa sanction à un bill passé dans les deux Chambres.*

Mais ce pouvoir du parlement, qui résidait autrefois dans la Chambre des pairs représentant les grands vassaux de la couronne, et dont la Chambre des communes n'avait obtenu le partage qu'avec tant de peine; ce pouvoir, dis-je, est passé tout entier dans la Chambre des communes, considérée par la nation comme sa représentation spéciale; de telle sorte que c'est encore en Angleterre un axiome politique, *que la Chambre des pairs ne peut refuser un bill passé dans la Chambre des communes à une majorité considérable.*

Ainsi se trouve vérifié ce que nous avons vu plus haut, que dans toute monarchie représentative où le corps représentatif se trouve divisé en deux Chambres, l'une héréditaire et l'autre élective, *le pouvoir doit nécessairement se fixer, tôt ou tard, dans la Chambre élective.*

Poursuivons, et nous allons nous convaincre que si la Chambre des pairs n'est pas entièrement dépouillée de toute influence, et si même elle n'est point encore abolie, c'est qu'au moyen de la grande fortune et des priviléges dont la plupart de ses membres sont en possession, elle a conservé une influence considérable sur la composition de la Chambre des communes.

Les membres de la Chambre des communes appartiennent, comme nous l'avons dit, à deux catégories différentes : les députés des comtés, et les députés des villes et des bourgs.

Dans les anciens temps, les députés des comtés n'étaient élus que par les petits barons, c'est-à-dire par tous les possesseurs de fiefs relevant directement du roi.

Depuis, le droit d'élire ces députés a été étendu à tous les *freeholders,* ou propriétaires de biens libres, d'un revenu de quarante shillings.

Ce revenu, qui, dans le temps où il a été pris pour base du droit électoral, équivalait à environ mille francs de notre monnaie, et mettait ainsi les élections des comtés entre les mains des propriétaires d'une certaine classe, ne représente plus qu'environ quarante-huit francs; de sorte qu'aujourd'hui le droit de concourir à l'élection des comtés s'étend aux plus petits propriétaires.

Il semblait qu'une pareille déviation dans le droit d'élection aurait dû bouleverser toute l'économie de la Constitution anglaise; mais par un effet inattendu, et dont les amis de la vraie liberté ne sauraient assez s'applaudir, les élections des comtés n'en sont pas moins demeurées entre les mains de la noblesse.

Ce résultat, si important pour la royauté et pour le maintien de la Constitution, est principalement dû à deux circonstances particulières.

1° Au droit de primogéniture, qui, fixant dans certaines familles des biens considérables, a assuré à ces familles, dans le lieu de leur résidence, une influence profonde, contre laquelle viennent se briser tous les efforts des hommes nouveaux.

Et 2° aux frais immenses de déplacement qu'entraînent les élections; frais qui, ne pouvant être supportés par la plupart des électeurs, livrent nécessairement les élections aux familles opulentes, et par conséquent à la haute noblesse.

A l'égard des élections des villes et des bourgs, elles sont encore plus directement placées sous l'influence de la noblesse. Voici de quelle manière.

Un grand nombre de petites villes, aujourd'hui détruites par le temps, avaient obtenu à différentes époques des chartes particulières, qui leur conféraient un certain nombre de nominations au parlement : or, comme en Angleterre aucun droit ne périt, tant qu'il n'est pas supprimé par un acte exprès du parlement, le droit de ces villes a continué de reposer sur le peu de maisons qui ont échappé à la ruine des autres; et ces maisons appartenant pour la plupart aux familles qui composent la haute noblesse, le droit de nomination qu'elles confèrent est ainsi devenu leur propriété.

Ajoutons qu'il existe en Angleterre, même dans les classes les plus inférieures, un esprit aristocratique tout particulier, qui inspire à chaque Anglais le désir de *fonder une famille,* et qui porte tout électeur, de quelque opinion qu'il soit, à ne se croire convenablement représenté que par un citoyen considérable par sa naissance, sa fortune ou ses grands talens.

De l'ensemble de tous ces faits, de ces privilèges, de ce droit d'aînesse, de cette *corruption même,* si l'on veut, il résulte que, sur six cent cinquante-huit membres dont se compose la Chambre des communes, quatre cent quatre-vingt-sept sont nommés par des particuliers; savoir:

deux cent quatre-vingt-dix-huit par des membres de la Chambre des pairs, cent soixante-onze par de riches propriétaires non pairs, et dix-huit par la couronne elle-même ; de sorte que sur ce nombre de six cent cinquante-huit députés, il n'en reste que cent soixante-onze qui puissent être considérés comme réellement élus par le peuple ; et encore le sont-ils, en majorité, par l'influence de l'aristocratie (1).

Ainsi donc, il est vrai de dire que la Chambre des communes est nommée presqu'en totalité par l'aristocratie, c'est-à-dire par des hommes possédant dans leurs comtés *des droits et des influences héréditaires,* et que par conséquent elle est nommée par un système d'élection conforme à

---

(1) Voir le tableau général du *patronage électoral du gouvernement, des pairs de la Grande-Bretagne, et des divers gentilshommes et propriétaires,* qui se trouve imprimé à la suite de l'écrit intitulé : *De la nécessité d'une dictature.*

Ce tableau serait aujourd'hui susceptible de quelques modifications, par l'effet de l'altération qu'a subie, depuis quelque temps, l'influence de la noblesse. Mais, néanmoins, il est encore exact en grande partie, et notamment en ce qui compose la distribution des bourgs-pourris.

On verra, dans ce tableau, ce qu'était, il y a trente à quarante ans, l'influence de la noblesse. Alors le gouvernement d'Angleterre était un gouvernement conséquent.

celui que j'ai dit être *le seul qui fût compatible avec la royauté*.

Je sais tout ce que ce système d'élection présente de bizarre et même d'extravagant.

Si on le considère sous le rapport de la justice naturelle, quelle tyrannie! quelle absurdité! quelle audacieuse déception!... Comment! des villes immenses qui ne sont pas représentées! des bourgs de deux ou trois maisons qui non seulement ont le droit d'envoyer des députés au parlement, mais dont les députés sont nommés par des particuliers! des élections publiquement achetées! le peuple exclu presque entièrement de toute coopération à la formation de la Chambre des communes!. Oui, sans doute, *en principe,* un pareil système est le comble du ridicule et de l'iniquité.

Mais si on le considère sous le rapport de l'ordre de choses qu'il a établi, quel admirable résultat! quelle harmonie dans toutes les parties du gouvernement! quelle unité de vues et de direction! quelle protection pour le peuple! quelle liberté! quelle prospérité!

C'est que ce système est conforme à la véritable nature de la monarchie représentative; c'est qu'il est conséquent; c'est qu'il place la puissance publique entre les mains de citoyens, *cloués,* pour ainsi dire, au trône; et que, par cela seul, il est éminemment propre à maintenir l'ordre établi, et à concilier les droits de la royauté et ceux du peuple.

En matière de gouvernement, il ne faut pas s'attacher trop exactement à l'ordre mathématique des choses. Il n'est pas d'institutions politiques qui ne soient en dehors des règles ordinaires de la raison, parce que les hommes ne se gouvernent pas par la raison, mais par leurs passions. Que sont toutes les distinctions sociales? Qu'est la royauté elle-même, soumise au creuset du bon sens? Eh quoi! la première dignité de l'État, le plus haut pouvoir politique, le sort de tout un peuple, livrés à un enfant, à un vieillard, à une femme, à un imbécille, à un lâche! Est-il rien de plus barbare? Et cependant, est-il rien de plus fécond en résultats d'ordre et de liberté?

J'ignore les conséquences qui suivront le bill de réforme qu'il paraît difficile de refuser aujourd'hui à l'esprit d'innovation qui s'est emparé de la nation anglaise. Mais ce que l'on peut prédire avec certitude, c'est que si l'effet de ce bill est d'enlever à l'aristocratie l'influence salutaire qu'elle a exercée jusqu'ici sur la composition de la Chambre des communes, c'en est fait de la Constitution et de la liberté de l'Angleterre. Si, au contraire, ce bill n'a d'autre résultat (comme l'espèrent les partisans modérés de la réforme) que de briser la trop grande prépondérance de certaines familles, pour la répandre sur le corps entier de l'aristocratie, peut-être la Constitution pourra-t-elle se maintenir encore, bien que, dans ce cas même, elle doive être fortement ébranlée par l'impulsion que le nouveau système électoral ne pourra manquer de donner à l'ambition des classes moyennes.

Le système de l'administration intérieure et de l'administration de la justice criminelle en Angleterre ne fournit pas moins de preuves que celui de son organisation politique, de toutes les vérités que nous avons développées dans les précédens chapitres.

C'est en effet entre les mains des plus anciennes familles de chaque comté que réside, non seulement toute l'administration provinciale, mais encore l'administration presqu'entière de la justice criminelle (1). Ce sont les familles investies, pour la plupart, des priviléges consacrés par la Constitution, qui composent *les grands-jurys* ou les jurys d'accusation, ainsi que *les commis-*

(1) *Voir* l'écrit intitulé : *Administration de la justice civile et criminelle en Angleterre.*

sions de la paix, c'est-à-dire les commissions chargées du jugement des affaires correction-nelles et de l'administration générale des comtés. C'est encore dans ces familles, ou dans celles qui commencent à entrer dans l'aristocratie du pays, que sont choisis *exclusivement* les shé-riffs de chaque comté.

A l'égard *des petits-jurys* ou des jurys de jugement, outre que les individus dont ils sont formés ont pour la foi du serment un respect beaucoup plus religieux que nous ne l'avons en France, ils sont encore placés bien plus immé-diatement sous l'influence du juge : d'où il ré-sulte qu'en même temps que ce sont les grandes familles de chaque comté qui décident sur la validité des accusations intentées par la cou-ronne, ces accusations sont encore appréciées en réalité par les juges, c'est-à-dire par des hommes à la nomination de la couronne et fer-mement attachés au principe de la royauté.

Ainsi se trouve encore confirmé par l'expé-rience ce que nous avons dit dans les chapitres précédens, que, *dans toute monarchie repré-sentative où le prince est dépouillé de l'admi-nistration du pays et de la distribution de la justice, il est de nécessité absolue que l'orga-nisation administrative et criminelle soit calcu-*

lée de manière que les administrateurs et les jurés soient composés en majorité de citoyens attachés au trône par l'intérêt de leur position sociale.

C'est grâce à tous ces rouages que la Constitution anglaise, bien que remplie de contradictions, et mettant perpétuellement en présence la nation et le roi, est devenue cependant un gouvernement possible, un gouvernement réalisant une forte unité politique.

Si la Chambre des communes, au lieu d'être *une première et inférieure représentation de l'aristocratie,* était, comme la raison semblerait l'exiger, une représentation véritable du peuple; si l'administration des provinces et la distribution de la justice criminelle étaient livrées à la versatilité politique des classes moyennes; cette Constitution, qui semblait devoir traverser tant de siècles, comme satisfaisant à tous les besoins légitimes de la nation, se fût dès long - temps écroulée dans des torrens de sang.

Cependant, cette Constitution si solide commence à s'ébranler. La presse, qu'elle a laissée libre, la bat en brèche de toutes parts; encore un peu de temps, et elle tombera, comme la Charte de Louis XVIII, sous les coups répétés des journaux; et sa chute fournira au monde une nouvelle preuve de cette vérité : *Qu'il n'y a pas de gouvernement possible avec la liberté illimitée de la presse périodique.*

Qui l'eût dit, que ce peuple si renommé par sa prudence et par son bon sens, si attaché à ses lois et à ses vieux usages, boirait aussi à la coupe enivrante de la nouveauté? Guidé par la lumière d'une fausse philosophie, il a voulu voir au fond des choses : il y a trouvé des abus contre lesquels il s'est révolté, sans réfléchir que ces abus étaient le correctif nécessaire des contradictions existantes dans les principes de son gouvernement. Il va donc entrer à son tour dans la voie périlleuse des innovations. Que son bon génie le préserve d'y trouver un abîme! Des hommes nouveaux vont paraître qui, n'ayant aucun intérêt commun avec le trône, aucun motif de ménager sa faiblesse, voudront user contre lui de toutes les forces qu'ils tiendront du peuple. Alors tout sera remis en question : l'hérédité de la pairie, les priviléges et les propriétés du clergé, le droit de primogéniture, les prérogatives de la couronne, tout enfin ; et de ce beau gouvernement, qui a fait si long-temps l'admiration de l'Europe et le bonheur de l'Angleterre, il ne restera bientôt plus que le désordre inhérent à toute monarchie représentative, lorsque les pouvoirs rivaux que ce gouvernement constitue ne sont pas unis au trône par un lien commun et indissoluble.

SECONDE PARTIE.

DE LA RÉVOLUTION DE JUILLET 1830.

THÉORIE GÉNÉRALE

DES

DROITS DES PEUPLES

ET DES GOUVERNEMENS,

APPLIQUÉE A LA RÉVOLUTION DE JUILLET.

~~~~~~

SECONDE PARTIE.

> Ce n'est point aux rois ni aux ministres
> qu'il importe le plus de dire la vérité ;
> c'est aux peuples.

—

LIVRE PREMIER.

DE LA RÉVOLUTION DE JUILLET.

—

CHAPITRE PREMIER.

Des causes de la révolution de juillet.

Les évènemens se succèdent dans ce siècle
avec tant de rapidité, et les passions du jour sont
~~~~~~

si promptement remplacées par celles du lendemain, qu'il suffit de quelques années pour que
les contemporains soient eux-mêmes en état de
remplir l'office de la postérité relativement aux
faits dont ils ont été les témoins ou les auteurs.

C'est ce qui arrive déjà pour la révolution de
juillet. Qui s'enflamme aujourd'hui au récit des
causes qui l'ont produite, et qui n'est disposé à
en entendre le développement avec une attention
dégagée de tout esprit de parti? Disons-les donc
comme les dira l'histoire.

Appuyée sur des institutions qui offraient aux
droits du peuple les plus solides garanties, et ou-
vraient à tous les talens la plus vaste carrière, la
royauté légitime avait réalisé tous les vœux que
la nation formait depuis quarante ans. Jamais plus
de bonheur ni plus de liberté n'avaient été répandus sur un peuple. Comment donc cette royauté, source féconde de tant de biens, a-t-elle été
renversée avec tant de colère? La France est-elle
vouée aux Furies? A-t-elle horreur de l'ordre et
de la paix?

Dans son éloquente plaidoierie en faveur de
M. de Chantelauze, M. Sauzet attribue la révolution de juillet *à cette idée de conquête avec
des armes étrangères* qu'entraînait, pour toute
la France, la seconde restauration.

« Quand la couronne, dit-il, paraissait sensi-
« ble à nos malheurs, on lui montrait les champs
« de Waterloo qui l'ont ramenée parmi nous. »

Il y a du vrai dans ce reproche, bien qu'il
soit loin d'être complètement fondé ; et l'on peut
dire, dans tous les cas, qu'il s'adresse moins aux
Bourbons qu'à la fatale destinée qui les poursuit.
L'appui que leur juste cause reçut alors de l'é-
tranger, blessa sans doute bien des courages ; mais
cet appui, que Louis XVIII n'avait pas sollicité,
et qui fut seulement le résultat naturel de l'intérêt que les puissances alliées portaient au principe de la légitimité ; cet appui, dis-je, que tant
d'autres évènemens et tant de bienfaits surtout,
avaient effacé du souvenir de la nation, n'eut
qu'une bien faible part à la déplorable catastro-
phe de juillet.

C'est dans les sentimens et dans les doctrines
qui avaient survécu au renversement de la république, qu'il faut aller chercher la véritable cause
de la révolution de 1830. M. Sauzet, sans doute,
n'ignorait pas cette vérité ; mais était-il le maître
de développer toute sa pensée ? Il parlait devant
un peuple avide du sang de son client ; et ce
client n'avait pour protecteurs que les hommes
mêmes dont il eût fallu révéler les faiblesses.
M. Sauzet était donc enfermé dans un cercle de

ménagemens que l'intérêt de sa cause ne lui permettait pas de franchir. Il n'a pu dire ce que l'Europe était impatiente d'entendre, et ce qu'elle avait besoin de connaître.

Suppléons à ses réticences.

Les Bourbons, en remontant sur le trône, n'avaient plus retrouvé la France de 1789. Le temps avait marché, et, comme toujours, il avait semé sur sa route de nouveaux préjugés et de nouvelles passions.

D'une part, des illusions tenaces s'étaient formées dans les esprits, et la république conservait encore un grand nombre de partisans dont la constance n'avait point été ébranlée par les épouvantables malheurs qui environnèrent son berceau. Livrés au plus dur fanatisme, ces hommes trouvaient dans la grandeur du but la justification du sang répandu, et ils se persuadaient ou s'efforçaient de persuader au peuple que des circonstances moins sévères n'exigeraient plus les mêmes excès.

D'autre part, la bourgeoisie, habituée au niveau du despotisme impérial, et initiée par Buonaparte aux douceurs du pouvoir et des distinctions sociales, avait puisé dans ces distinctions mêmes une nouvelle haine contre la noblesse, et ne la voyait pas, sans la plus vive jalousie, en situation de reprendre son ancienne prééminence.

La restauration se trouva donc, dès les premiers jours, en butte à deux différentes espèces d'opposition : l'une, directement hostile, et ayant pour but de renverser la monarchie et d'y substituer la république ; l'autre, ne se proposant d'abord que d'interpréter la Charte au profit des classes moyennes, mais amenée insensiblement à désirer le renversement du *prince légitime* pour le remplacer par un *roi bourgeois*.

Des fautes graves commises par la royauté, des ambitions frustrées, des amours-propres froissés, des ressentimens impies accrurent de jour en jour les forces de cette double opposition, et bientôt elle se changea en une vaste conspiration qui eut ses chefs publiquement avoués, ses agens, ses comités de correspondance, ses trésors et ses plans.

Mais craignons de ranimer des passions dont la violence a causé tant de maux, et que le repentir commence à calmer. Toutes les intentions auront été bonnes, tous les vœux sincères et désintéressés ; la gloire et le bonheur de la France auront été le but des conspirateurs....... Mais enfin ces hommes conspiraient ; ils l'ont dit ; ils s'en sont vantés ! Je ne fais que raconter.

« Lorsque nous jurions fidélité à Charles X et
« obéissance à la Charte, dit *le Globe* (1); lorsque
« nous étourdissions ce monarque de nos protesta-
« tions d'amour; lorsque nous couvrions pour lui nos
« routes d'arcs de triomphe ; lorsque nous rassem-
« blions les populations sur son passage pour le
« saluer de mille acclamations ; lorsque nous se-
« mions l'adulation sur ses pas....., tout cela n'é-
« tait qu'*une feinte*, à l'aide de laquelle nous
« cherchions à nous dérober aux chaînes dans
« lesquelles il s'efforçait de nous enchaîner...Dé-
« trompez-vous, pairs, députés, magistrats, sim-
« ples citoyens; *nous avons joué une comédie*
« *de quinze ans.* »

Toutefois, et quels que fussent l'audace et les
talens des hommes qui s'étaient réunis pour renverser *la légitimité*, leurs efforts n'auraient pas
prévalu contre elle, si, par les vices mêmes de
la Charte, la couronne n'avait placé la puissance
publique dans la main de ses ennemis, et ne se
fût enlevé ainsi tous moyens de résistance.

Expliquons-nous.

Lorsque Louis XVIII établit en France le gouvernement représentatif, ni ce prince ni ses con-
seillers n'en connaissaient toute la portée. Toute-

____

(1) 25 novembre 1830

fois, son instinct de roi avait révélé à Louis XVIII deux importantes vérités :

L'une, qu'il n'y avait que lui qui fût apte à rédiger la Charte, parce que lui seul était en état d'apprécier les besoins de la royauté ;

L'autre, qu'il était nécessaire que la couronne, outre le droit de sanction et d'initiative qu'elle s'était réservé, s'assurât encore une grande influence dans le corps représentatif.

Jusque-là, tout était bien ; tout était raison, bonne foi, vérité.

Louis XVIII ne disait pas aux Français, comme les législateurs du 7 août 1830 et du 16 avril 1831 :

« Voilà la Charte *que vous avez faite;* voilà la loi d'élection *qui règle l'exercice de votre souveraineté.* »

Il leur disait, au contraire :

« Voilà la Charte que *j'ai dû faire* pour satisfaire à la fois aux besoins du trône et de la liberté ; voilà les conditions *sous lesquelles vous êtes appelés à la formation de la loi et à l'établissement de l'impôt.* »

Mais, arrivé à la réalisation de ses intentions, Louis XVIII fut délaissé par le génie de la royauté. Trop confiant dans l'appui qu'il se promettait de la Chambre des pairs, il ne fut point assez frappé de l'importance des fonctions confiées à la Chambre des députés, et ne devina pas que cette Chambre devait nécessairement se rendre maîtresse absolue du pouvoir par deux causes particulières d'influence, dont aucune institution ne pourrait arrêter les effets.

·La première, parce que la France, à défaut d'une Assemblée véritablement nationale, s'habituerait bientôt à regarder la Chambre des députés comme sa représentation spéciale ;

Et la seconde, parce que le droit attribué à cette Chambre de consentir, et *par conséquent de refuser l'impôt,* forcerait le ministère de marcher à sa suite.

Cette erreur de Louis XVIII sur la prépondérance future de la Chambre des députés, fut cause qu'il n'apporta qu'une attention secondaire à son mode de composition ; et qu'au lieu de s'étudier à chercher un système électoral par l'effet duquel les électeurs se trouvassent attachés au trône par un lien indissoluble, ce prince se borna à établir certaines conditions générales auxquelles les électeurs devaient être soumis, et laissa la loi des élections *à faire* à la puissance législative.

Ce fut là une faute immense, une faute qu'il devint depuis impossible de réparer, et dont le premier résultat fut d'enlever à Louis XVIII tous les avantages qu'il s'était promis du droit de rédiger la Charte : car, comme l'avenir de la royauté devait entièrement dépendre de la nature dè ses rapports avec la Chambre des députés, ou, en d'autres termes, comme la Charte ne devait être en réalité que ce que la ferait la loi des élections, il s'ensuivit qu'à défaut par Louis XVIII d'avoir organisé les colléges électoraux, la Charte qu'il avait promulguée se trouva subordonnée aux dispositions futures de la loi des élections : de sorte qu'il est vrai de dire que la Charte définitive, celle sous laquelle la royauté a vécu jusqu'en 1830, celle *par laquelle elle a péri,* n'est pas du tout la Charte que Louis XVIII avait voulu faire en 1814, mais bien celle qui *fut faite* par la loi des élections de 1817.

Voyons donc ce qu'était cette dernière Charte, c'est-à-dire ce qu'était le système électoral établi par la loi de 1817.

Si les Chambres n'eussent alors songé qu'à réaliser la pensée de Louis XVIII, sans se laisser entraîner à des théories générales absolument étrangères à cette pensée, une première réflexion les eût d'abord frappées :

Puisque, d'une part, la Charte avait établi un roi héréditaire, une Chambre des pairs héréditaire, une noblesse héréditaire, et que, d'autre part, il résultait de la nature même du gouvernement constitué par la Charte, que la souveraineté toute entière résidait *de fait* dans la Chambre des députés, il était évident que les priviléges de la Chambre des pairs et ceux de la noblesse ne pourraient se maintenir *qu'autant qu'ils seraient protégés par des intérêts de même espèce dans la Chambre des députés.*

Il fallait donc nécessairement que la loi des élections fût combinée de manière que la majorité des nominations à la Chambre *appartînt* à des citoyens ou se fît *sous l'influence* de citoyens *investis d'avantages politiques quelconques.*

Cette conséquence était aussi claire que le jour ; mais elle était bien loin alors de tous les esprits.

Certes, je n'ai pas la pensée d'affliger les hommes honorables sur qui doit principalement peser la responsabilité de la loi de 1817. Si, trompés par les inspirations de leur conscience, ils ont creusé l'abîme dans lequel le trône s'est englouti, cette faute est moins la faute de leur raison que celle de leur siècle.

Chaque âge a en effet ses maximes privilégiées qui, mises d'abord en crédit par quelque grand écrivain, et n'étant en général que le résumé des vœux et des préjugés du jour, sont ensuite reçues sans examen par la foule obscure des publicistes, et s'établissent dans les esprits comme des vérités incontestables.

C'est ainsi qu'il a suffi que Montesquieu, égaré par la fausse idée qu'il s'était formée de la Constitution anglaise, eût dit en termes dogmatiques que, *pour qu'on ne pût abuser du pouvoir, il fallait que, par la disposition des choses, le pouvoir arrêtât le pouvoir;* qu'il a suffi, dis-je, que Montesquieu eût établi cette maxime, pour qu'elle devînt aussitôt un axiome politique aux yeux de la plupart des hommes d'Etat.

Ce n'est pas qu'ils aient jamais pu s'expliquer clairement l'application de cette théorie : la raison leur disait, au contraire, qu'il n'y avait pas de gouvernement possible avec des pouvoirs indépendans les uns des autres; que ces pouvoirs s'efforceraient de s'entre-détruire; et que, quelques moyens que l'on eût pris pour pondérer leurs forces, comme le temps devait altérer les élémens de ces forces, il arriverait nécessairement un jour où le plus fort écraserait le plus faible et s'emparerait de la souveraineté. Mais à ces objections sans réplique, ils opposaient la parole du maître : *La liberté consiste dans l'équilibre des pouvoirs.*

Et de même en 1815, lorsque M. de Serre

fit entendre dans la Chambre des députés ces paroles prophétiques :

« La division des pouvoirs rend ennemies l'une « de l'autre les diverses fonctions de la puissance « publique. *Si nous voulons la monarchie,* il « faut revenir à de plus saines idées. L'unité, « cette première loi de tous les êtres, est aussi « celle du gouvernement. Tout corps politique « indépendant, créé par la main de l'homme *à* « *côté du souverain,* ne peut *long-temps mar-* « *cher en harmonie avec lui;* il le subjugue, « s'il n'en est subjugué. »

On répondit à M. de Serre : « La liberté con- « siste dans l'équilibre des pouvoirs. »

Avec des opinions si généralement répandues sur la division et l'équilibre des pouvoirs, il était impossible que la Chambre de 1817 ne considé- rât pas la circonstance d'une loi d'élection *à faire* comme l'occasion la plus favorable pour réa- liser les théories de Montesquieu, c'est-à-dire pour *diviser et équilibrer* les différens pouvoirs institués par la Charte.

Cette Chambre commença donc par poser en principe que, *pour que la liberté fût le résultat de la Charte,* il fallait que la Chambre des pairs et la Chambre des députés, représentant, l'une les intérêts de l'aristocratie, et l'autre ceux de la démocratie, *se balançassent l'une par l'autre;* d'où la Chambre conclut que la loi des élections devait être combinée de manière qu'aucun élément aristocratique n'entrât dans la Chambre des députés.

Ce point de départ parut à chacun la chose la plus incontestable; et ce fut à qui s'empressa de tirer, du principe posé, les conséquences les plus étendues. Non seulement on accorda le droit d'élection à tous les citoyens payant 300 francs de contributions directes, mais on alla jusqu'à regretter que, par suite des conditions restrictives de la Charte, une plus grande partie des membres de la classe moyenne ne pût être admise à concourir à la composition de la Chambre des députés. En vain les royalistes s'efforcèrent-ils de faire sentir le danger d'un système qui tendait à constituer la Chambre des députés en état d'hostilité perpétuelle contre la Chambre des pairs et contre la couronne; leurs objections ne furent point écoutées. La Chambre était emportée par une de ces convictions fortes et absolues qu'aucun raisonnement ne peut ébranler.

C'est ainsi que la puissance électorale se trouva placée toute entière dans la bourgeoisie, c'est-à-dire dans la classe la plus remplie de jalousie contre les supériorités sociales qui s'élèvent au-dessus d'elle, et par conséquent la plus ennemie des priviléges héréditaires que la Charte avait institués.

Je ne m'étendrai pas sur les premiers effets de la loi de 1817, loi que l'on sentit presqu'aussitôt le besoin de modifier par l'établissement du double vote. Je ne m'étendrai pas non plus sur les choix qui furent faits à la Chambre jusqu'en 1827. Arrêtée dans son développement par l'indignation générale qu'excita l'assassinat du duc de Berri, et par le succès de la guerre d'Espagne, la loi des élections ne produisit pas d'abord tous ses fruits. Ce ne fut qu'en 1827, qu'affranchie de toute entrave, elle jeta en dehors le venin qu'elle renfermait dans son sein : *elle enfanta les 221 !*

La royauté se vit alors en présence d'une Chambre des députés *vraiment bourgeoise,* représentant en masse les sentimens de la classe moyenne de la nation. Et comme, dans tous les pays, cette classe se croit, à tort ou à raison, la partie la plus éclairée du peuple, et celle par conséquent à qui la souveraineté appartient *de droit,* la royauté se vit en présence d'une Chambre qui ne voulait plus *d'un roi légitime, d'une Charte octroyée par ce roi, ni des priviléges héréditaires insti-tués par cette Charte.*

Et qu'on ne dise pas que je suppose ici à la

classe moyenne des sentimens qu'elle n'a jamais eus! Tant que l'expérience manquait à mes assertions, elles pouvaient être contestées avec une apparence de bonne foi. Mais aujourd'hui que la victoire a déchiré le voile sous lequel se cachaient les plus coupables espérances, qui pourrait nier que la majorité des électeurs, au moment même où ils juraient *fidélité au trône et à la Charte,* ne rêvassent *un roi-citoyen, une Constitution rédigée par la bourgeoisie au nom du peuple :* en un mot, un autre roi que le roi, une autre Charte que la Charte?

« Vous mentez, dit nettement *la Tribune* à
« MM. Dupin et Barthe, vous mentez, lorsque
« vous prétendez que sous Charles X, l'opposition
« *dans la Chambre et hors des Chambres,* respec-
« tait le roi, et voulait la Charte, et rien que la
« Charte... Il y avait, sous la restauration, une
« opposition hostile, *hostile à mort;* elle avait à la
« Chambre la supériorité des talens; elle primait
« au barreau, elle débordait dans la presse. Ce sont
« là, ajoute *la Tribune,* des *faits patens et avérés.* »

Ai-je donc tort de soutenir que la masse des électeurs, docile comme elle l'était à la direction de la presse, nourrissait, ou du moins servait des projets qui avaient pour but de renverser la légitimité?

Cette situation désespérée de la royauté vis-à-vis des colléges électoraux, n'a jamais été bien comprise hors de France. Dans l'état d'hostilité où ces colléges s'étaient placés contre le trône, l'Europe n'a voulu voir jusqu'au dernier moment, qu'une mésintelligence passagère, qui tenait à l'entrée de certains hommes dans le ministère. Elle n'a pas su y découvrir ce qui s'y trouvait en effet : une haine profonde contre la légitimité ; une résolution prise de la renverser.

L'Angleterre y fut plus trompée encore que le reste de l'Europe, parce qu'habituée à jouir d'une sécurité inaltérable au milieu des agitations et des luttes, quelquefois sanglantes, de ses cinq cent mille électeurs, elle ne s'expliquait pas que l'existence de la royauté pût être compromise en France par un système électoral qui ne reconnaissait que quatre-vingt mille électeurs. C'est que l'Angleterre ne réfléchissait pas que, par l'effet de ses mœurs et de ses institutions, ses masses électorales sont placées sous l'influence de quinze à vingt mille familles personnellement intéressées au maintien du trône, et auxquelles la puissance électorale appartient en réalité ; tandis que cette même puissance se trouvait placée en France, par la loi de 1817, dans une classe de citoyens essentiellement indépendante de toute influence supérieure , et ennemie déclarée d'une royauté qu'elle n'avait pas faite.

C'est donc dans l'aversion de la bourgeoisie pour la légitimité et pour la noblesse, et dans son désir de s'emparer du pouvoir, à l'exclusion de toutes les autres classes de la société, qu'il faut aller chercher les véritables causes de la révolution de juillet. *Les ordonnances* n'en ont été que le prétexte. Que la couronne se fût exactement renfermée dans ses attributions constitutionnelles, l'arrêt prononcé contre elle dans les comités électoraux n'en eût pas moins reçu son exécution. Les esprits étaient mûrs pour une révolution : les théories des doctrinaires avaient levé en tous lieux ; les peuples, bien qu'ils eussent peine à s'expliquer, au sein de leur prospérité, comment il y avait lieu à renverser le trône , les peuples n'en suivaient pas moins le mouvement qui leur avait été imprimé. Tout conspirait ; tout s'agitait : on n'attendait que le signal. Il partit du trône au moment même où la révolution se préparait à le donner.

CHAPITRE II.

De la nécessité où se trouvait la Royauté d'avoir recours,
pour sa défense, à une mesure extraordinaire.

La majorité des électeurs était en révolte ouverte contre l'ordre établi. Que pouvaient les prérogatives constitutionnelles du prince en présence d'un danger qui prenait sa source dans l'organisation même de la souveraineté?

Toutefois, avant d'avoir recours aux mesures extraordinaires dans lesquelles il était déjà facile de prévoir qu'elle serait contrainte de chercher son salut, la royauté résolut de faire tête à l'orage avec les seuls moyens que la loi avait placés entre ses mains. Mais elle ne tarda pas à en éprouver l'insuffisance.

Assurée de l'appui des électeurs, la Chambre des députés commença l'attaque qu'elle méditait contre la légitimité, et, profitant de la répugnance

que la nation avait conçue contre certains membres du cabinet, elle refusa hautement de se
mettre en rapport avec eux, et manifesta la prétention de désigner désormais à la couronne les
ministres qu'elle devait choisir.

La Chambre fut dissoute ; une Chambre moins
hostile.fut demandée aux électeurs : elle leur fut
demandée avec instance. Le roi lui-même des-
cendit jusqu'à la prière. On lui répondit par la
réélection de la Chambre qui l'avait insulté.

Telle était la situation des esprits et des choses,
à la fin de juillet 1830. Dans une semblable con-
joncture, qu'avait à faire la royauté : la royauté,
chargée vis-à-vis de la France du dépôt de la
Charte et de la paix publique ?

Replacée en présence des mêmes députés, il
ne lui restait que deux partis à prendre :

D'en appeler des électeurs à la nation ;

Ou de mettre à nu toutes les haines qui menaçaient le trône, en livrant de nouveau le pouvoir aux doctrinaires.

Admettons que le roi eût adopté ce dernier
parti, et que, cédant aux vœux séditieux des
électeurs, il eût choisi un nouveau ministère
dans la majorité de la Chambre. Qu'arrivait-il
nécessairement ? La guerre contre la légitimité,
contre la pairie, contre la noblesse, reprenait

aussitôt son cours; la presse continuait de démolir dans l'esprit des peuples les principes sur lesquels la Charte était appuyée. Il eût fallu abolir le double vote; abolir l'hérédité de la Chambre des pairs; abolir la noblesse; renoncer à l'initiative, au droit d'établir aucune surveillance sur la presse périodique, au droit de nommer les présidens des colléges électoraux et le président de la Chambre des députés; reprendre le drapeau tricolore; reconnaître le principe de la souveraineté du peuple; et, sous prétexte d'*effacer la tache d'une restauration étrangère* par un baptême populaire, consulter la nation sur la question de savoir si la dynastie régnante devait ou non être maintenue sur le trône.

Oh! alors, direz-vous, la royauté eût été placée, aux yeux de tous, dans le droit de légitime défense! Très-bien; mais quel moyen de résistance lui fût-il resté? Quelle garantie eût-elle trouvée dans une armée réorganisée par une Chambre ennemie? Combien l'esprit républicain n'aurait-il pas fait de progrès sous un ministère républicain!

Soyons donc justes envers la royauté, et reconnaissons qu'elle n'avait de ressource que dans un prompt déplacement du pouvoir électoral. Il fallait que ce pouvoir redoutable, ce pouvoir véritablement souverain, et duquel dépendait la destinée du trône, fût remis en des mains dévouées, ou il fallait que la royauté pérît par l'action régulière du pouvoir électoral.

Ainsi, la royauté se trouvait acculée aux bornes de son pouvoir constitutionnel. La même *nécessité* où l'on a puisé en juillet 1830 le droit de faire une Charte nouvelle, lui donnait aussi le droit de faire une nouvelle loi d'élections. Si cette mesure eût réussi, les adresses n'auraient pas plus manqué à Charles X qu'à la Chambre des 221. Ces intrépides adhérens que nous avons vus *si dévoués* à Buonaparte, ensuite aux Bourbons, puis à Buonaparte rentré, puis aux Bourbons rentrés, auraient aussi salué de leurs acclamations la royauté raffermie. Charles X n'a donc fait, pour repousser les attaques dirigées contre sa couronne, que ce que tout homme attaqué dans ses droits, est autorisé à faire pour les défendre. Il a rempli son devoir de roi ; le reste regardait le Ciel.

Les jacobins forment une étrange race : *Durum Japethi genus.*

Ils avouent que pendant quinze ans ils ont conspiré la chute des Bourbons, et ils leur imputent à crime d'avoir osé tenter de se défendre.

Ils avouent que Bories, Caffé, Berton, Vallée, Saugé voulaient renverser le trône; et ils qualifient *d'assassinat* le jugement qui les a condamnés.

Ils ne trouvent pas d'expressions assez flétrissantes contre les catégories de 1815, qui toutes reposaient du moins sur des faits positifs; et eux, ils classent les citoyens d'après leurs opinions présumées, et marquent de *quatre signes de mort* ceux qu'ils supposent invariablement attachés aux vieilles institutions de la France.

Aucun excès ne répugne à leur haine profonde contre l'ordre social. « Quatre-vingt-treize, « a dit *le citoyen* Raspail, avait ses exigences « et ses nécessités..... Abandonnés par les peu- « ples, qu'ils trahissaient, les prêtres et les nobles « ont été victimes. Silence sur les vaincus, nous y « consentons, mais aussi *respect aux vain-* « *queurs,* » c'est-à-dire respect à Marat, à Robespierre, à Lebas, à Carrier, à Collot-d'Herbois, et à toute cette *portée* de monstres qui se sont gorgés du sang de ce qu'il y avait de plus pur et de plus illustre en France.

Et ces mêmes hommes qui font si bon marché de la vie de leurs adversaires, qui les dévouent si lestement à ce qu'ils appellent *les exigences de leurs systèmes,* ne sont pas plutôt atteints par la main du pouvoir, qu'ils font retentir l'air de leurs imprécations, qu'ils en appellent à la justice éternelle, à la liberté des opinions, aux droits imprescriptibles de l'homme! Impudente et odieuse secte!

Eh quoi! dans l'impuissance où ils sont de s'abreuver du sang des rois, ils les couvriront de boue, et les rois devront supporter leurs outrages! Chaque jour ils déclameront contre les riches, ils les menaceront du peuple comme d'une bête fauve, et il sera interdit aux riches de se mettre en défense! Prennent-ils donc tout ce qui n'est pas eux pour une proie dévolue à leur férocité?

Arrière! leur dirai-je à mon tour, *arrière,* hommes d'enfer! votre règne est passé. Faites les *bons,* faites les humains, revêtez-vous de peaux de brebis; dites-nous, comme M. Trélat: « Notre « nature à nous, c'est de souffrir du mal de nos « semblables, c'est de n'être pas à notre aise « quand ils ont faim, c'est de nous plaindre de « la société quand ils expirent de misère. » *Arrière,* vous dis-je, imposteurs! la France voit vos yeux de tigre à travers votre feinte douceur! elle sait ce qu'elle doit attendre des adorateurs de Marat et de Robespierre! elle ne croit plus aux *saintes colères,* aux *saintes noyades,* aux *saintes mitraillades!* Allez, âmes tendres et généreuses, allez rêver toutes ces délices dans vos patriotiques réunions : l'Europe entière a horreur de vous !

~~~~~~

CHAPITRE III.

De *la légalité* des ordonnances du 25 juillet.

Les ordonnances du 25 juillet ont subi le sort commun à toutes les choses humaines : condamnées par la fortune, elles l'ont été par l'opinion publique.

Je m'abstiendrai, quant à moi, de les louer, ou de les blâmer. J'aurais conçu autrement la marche à suivre par la royauté ; j'avais voulu qu'elle cherchât son salut dans quelque noble inspiration ; que, comme Philippe-Auguste avant la bataille de Bouvines, le roi se jetât dans les bras de la nation, et la prît pour juge entre les électeurs et lui.

Il y a dans le caractère français une générosité naturelle que l'infortune émeut, et qu'une noble confiance a souvent portée au plus haut
~~~~~~

degré d'exaltation. La royauté, outragée, avilie, s'abandonnant à l'honneur, à la foi, au bon sens du peuple, eût été accueillie avec respect et défendue avec amour.

Il fallait donc que l'ordonnance de dissolution de la Chambre des députés fût précédée d'une proclamation solennelle qui eût rappelé à la France,

D'une part, la loyauté que le roi avait toujours apportée dans l'exécution de la Charte; son empressement à abolir la censure aussitôt son avènement au trône; l'ordre qu'il avait établi dans les finances; l'immense impulsion qu'il avait donnée à l'industrie, et la prospérité générale qui en était résultée; enfin les concessions dernières que, par esprit de paix, il avait faites à la nation sous le ministère de M. de Martignac.

Et, de l'autre, la violence de la presse périodique; ses outrages journaliers contre le trône et la religion; ses excitations obstinées au renversement de l'ordre établi; ses calomnies contre les citoyens les plus respectables; ses investigations odieuses dans la conduite privée; enfin les dispositions séditieuses des électeurs : dispositions manifestées par des choix constamment hostiles à la royauté, et notamment par la réélection des deux cent vingt-et-un.

A la suite de cette proclamation, il fallait appeler le peuple à concourir avec le roi à la formation d'une nouvelle loi d'élections, et convoquer à cet effet une grande assemblée nationale, dans laquelle on aurait fait entrer tout ce qu'il y a en France de plus respectable et de plus digne de la confiance publique.

Tel était le plan que l'on aurait dû suivre, et qui, peut-être, eût fait, de ces jours si critiques, les plus beaux jours de notre histoire. Le sort a voulu que d'autres mesures fussent adoptées. Voyons si ces mesures, bonnes ou mauvaises, sages ou téméraires, étaient ou non conformes à la Charte.

Nous rappelons-nous encore ce qu'était la Charte de 1814? savons-nous quel pouvoir elle donnait au roi? quel pouvoir elle lui imposait l'obligation de faire respecter? Nous l'avons sans doute oublié : il y a si long-temps depuis un an! Eh bien! la voici cette Charte, déjà si vieille et si déloyalement méconnue!

Par la Charte de 1814, le roi *était investi du pouvoir constituant,* c'est-à-dire du pouvoir de constituer la souveraineté.

La souveraineté ayant été *composée par le roi* de trois pouvoirs distincts, le roi avait évidemment le droit d'organiser chacun de ces pouvoirs, et par conséquent *de faire la loi des élections,* d'où dépendait l'organisation du plus important de ces trois pouvoirs.

La loi des élections n'ayant point été faite par la Charte, *le pouvoir constituant du roi était resté entier à cet égard.*

Enfin la Charte avait expressément conféré au roi *le droit de faire des ordonnances pour la sûreté de l'Etat.* Prévoyant le cas où les lois ordinaires seraient insuffisantes pour maintenir l'ordre établi, elle avait déclaré qu'alors, entre les différens pouvoirs constitués, ce serait *à la royauté* qu'il appartiendrait de veiller *à ce que l'Etat ne reçût aucun dommage.*

Telle était la Charte que Charles X avait jurée, que la France avait jurée, *que les électeurs avaient jurée,* que les ministres avaient jurée. Que cette Charte fût plus ou moins favorable au pouvoir, plus ou moins restrictive de la liberté, il n'importe; le fait est qu'elle était ainsi, et que Charles X *avait droit de la maintenir ainsi.* Les prérogatives qu'elle conférait au roi n'étaient pas des prérogatives dont la royauté eût eu honte, ni qu'elle eût cherché à dérober aux regards de la nation; elle les avait hautement exercées chaque fois que les circonstances l'avaient exigé. C'est ainsi que Louis XVIII avait rejeté la Constitution qui lui avait été présentée par le Sénat, et que, depuis encore, par ses ordonnances du 13 juillet 1815 et 5 septembre 1816, il avait créé, pour les circonstances difficiles où il se trouvait, et avec l'approbation générale de la France, deux systèmes particuliers d'élection, tous deux dérogatoires, en des points essentiels, aux articles les plus précis de la Charte (1).

(1) Je disais au commencement de juillet 1830, en parlant de l'application déjà faite de l'article 14 :

« Mais quelle conséquence peut-on tirer de la rédaction
« ambiguë de l'article 14, en présence de l'exécution so-
« lennelle donnée à cet article *dans le sens que je lui
« attribue*, par l'auteur même de la Charte, et cela sans
« que la moindre réclamation se soit élevée à cet égard?

« Je ne parlerai pas de l'ordonnance du 23 mai 1815
« (bien qu'elle eût été rendue à la sollicitation des Cham-
« bres, et qu'elle ait été précisément motivée sur les
« dispositions de l'article 14 *entendue dans le sens que
« je viens d'énoncer plus haut*), parce que cette ordon-
« nance ne prescrit en fait que des dispositions qui ren-
« trent à peu de choses près dans les attributions du pou-
« voir exécutif.

« Mais que répondre aux dispositions extraordinaires de
« l'ordonnance du 13 juillet 1815? Dans quelle nature de
« pouvoir le roi a-t-il pu puiser le droit d'établir ces dis-
« positions, si ce n'est dans le pouvoir *conservateur* ou
« *constituant* qu'il s'est réservé par l'article 14?

« Et en effet, cette ordonnance ne se borne pas à tracer

En présence de ces faits, qui osera dire dans quelques années, et lorsque les passions qui nous agitent aujourd'hui seront entièrement calmées, qui osera dire que la Charte ne donnait point à la couronne le droit d'arrêter les débordemens

« un mode d'élections provisoire (ce que l'on pourrait
« prétendre avoir été le résultat des attributions ordinai-
« res du pouvoir exécutif, alors que le mode des élections
« n'avait pu encore être réglé par une loi) ; mais, boule-
« versant toutes les dispositions de la Charte *relatives à*
« *la composition de la Chambre des députés*, elle
« statue :
  « 1° Que le nombre des députés, *fixé par la Charte*
« à deux cent soixante-deux, sera porté à trois cent quatre-
« vingt-quinze ;
  « 2° Que les électeurs pourront siéger, pourvu qu'ils
« aient *vingt et un ans accomplis;* tandis que la Charte
« exigeait qu'ils eussent *trente ans;*
  « 3° Que les députés pourront être élus à l'âge de *vingt-*
« *cinq ans;* tandis que la Charte exigeait qu'ils eussent
« *quarante ans ;*
  « 4° Enfin, qu'un certain nombre de membres de la
« Légion-d'Honneur pourraient être admis aux colléges
« d'arrondissement *sans payer aucun cens;* tandis que
« l'article 40 de la Charte statuait que les électeurs qui
« concourraient à la nomination des députés, ne pour-
« raient avoir droit de suffrage *s'ils ne payaient une*
« *contribution directe de* 300 *fr.*
  « Voilà, certes, des modifications à la Charte, bien

d'une presse incendiaire, travaillant sans relâche, comme elle s'en est vantée depuis, à renverser la légitimité, et que la Charte ne donnait pas encore à la couronne le droit d'abolir un système électoral avec lequel, aux yeux de la bonne foi et de la vérité, la royauté était devenue impossible ? La seule objection spécieuse que l'on pouvait faire contre l'article 14, entendu dans le sens que nous avons exposé plus haut, consistait

« positives, bien graves, bien nombreuses, et surtout (ce
« point est essentiel à remarquer) *absolument étrangères*
« *à l'absence d'une loi d'élections.* Pour faire de sem
« blables modifications, il fallait bien au roi un droit, un
« pouvoir quelconque ; car toutes ces modifications ont
« été admises par la France et reconnues comme légales.
« Où donc le roi a-t-il trouvé ce droit et ce pouvoir ?

« Si les révolutionnaires ne veulent pas que ce soit dans
« l'article 14 de la Charte, il faudra bien que ce soit quel
« qu'autre part. Sera-ce dans les droits inhérens à sa cou
« ronne, ou dans la loi naturelle ? Qu'importe ? il n'en
« résulterait pas moins que le roi a le droit de modifier
« la Charte.

« Maintenant, qui oserait prétendre que les droits que
« le roi avait en 1815, un an après la promulgation de
« la Charte, les droits *qu'il a exercés,* que la France
« lui a reconnus *et auxquels elle s'est soumise,* il ne
« les a plus aujourd'hui ? Que s'est-il donc passé depuis
« lors ? Une nouvelle révolution se serait-elle opérée dans
« les esprits ? » (*Des devoirs du roi envers la royauté.*)

à dire qu'avec cette interprétation, la Charte se trouvait tout entière à la disposition du roi, qui pouvait en modifier ou en suspendre tous les articles à sa volonté, sous prétexte que la sûreté de l'Etat l'exigeait ainsi.

Mais il ne faut pas confondre de *vains prétextes* avec *une nécessité réelle*. L'article 14 était une arme livrée à la loyauté du prince comme une dernière ressource contre des Chambres séditieuses. La question n'est donc pas de savoir si le roi aurait pu abuser de cette arme, mais s'il en a abusé en effet.

Or, en se reportant à la situation des choses à la fin de juillet 1830, il n'est plus possible de douter que la royauté ne fût descendue à un tel point de faiblesse et de dépérissement, qu'elle ne pouvait plus être sauvée, ainsi que nous l'avons établi dans le chapitre précédent, que par une mesure extraordinaire.

Si les droits de Charles X avaient besoin de nouvelles preuves, nous les trouverions déduites avec la plus grande et la plus audacieuse franchise, dans les aveux mêmes des hommes qui ont contesté ces droits avec le plus d'obstination, tant qu'ils ont eu intérêt à les dénier pour enlever à la royauté tous ses moyens de défense, et pour exciter contre elle la fureur populaire.

« La Charte octroyée, sans l'article 14, dit *le*
« *National*, eût été *une absurdité*. Le fondateur
« de la Charte avait dit et *dû dire :* Je veux faire
« une concession, mais non pas telle que cette
« concession puisse me détruire moi et les miens;
« en conséquence, si l'expérience m'apprend que
« j'ai trop accordé, je me réserve la faculté de
« réviser ma Constitution, et c'est là ce que j'ex-
« prime par l'art. 14 (1). »

Si *c'est là ce que l'article* 18 *a exprimé
par l'article* 14, qu'avez-vous donc à reprocher
à Charles X d'avoir voulu réviser non la Constitution, mais simplement la loi des élections?

Continuons :

« Charles X, » a dit M. Gaëtan de la Roche-
foucauld, dans la séance du 1ᵉʳ février 1831,
« Charles X était aveuglément attaché aux prin-
« cipes de l'ancienne monarchie; et ces princi-
« pes, il faut en convenir, *avaient été consa-
« crés de nouveau par la Charte de* 1814.
« Cette Charte avait été octroyée : ainsi, là se
« trouvait encore le roi, *le pouvoir constituant.*
« Elle avait renoué, disait le préambule, la chaîne
« des temps, que de funestes écarts avaient inter-
« rompue; ainsi, l'autorité royale renaissait tout

(1) 20 juin 1831.

« entière ; elle avait enfin donné au roi, par une
« de ses dispositions, non seulement *le droit de*
« *la modifier,* mais *celui de la suspendre,* c'est-à-
« dire celui de substituer à son gré le pouvoir
« absolu au pouvoir constituant. Voilà ce que
« Charles X a voulu maintenir ; voilà les préro-
« gatives inhérentes à sa couronne, celles dont
« ses ancêtres avaient joui sans opposition, sans
« contestation, et même sans raisonnement, de-
« puis un grand nombre de siècles ; celles enfin
« *qui existaient encore, reconnues et consti-*
« *tuées par la Charte.* Ce sont, en un mot, *les*
« *Constitutions légales de la France, sur les-*
« *quelles il s'est appuyé,* d'après lesquelles il
« voulait régner ; et il a pensé que, quel que fût
« le danger auquel il s'exposait, il était de son
« devoir, comme roi, de les défendre et de les
« maintenir. »

Que peut-on dire qui prouve d'une manière
plus claire et plus positive *la légalité* des ordonnances du 25 juillet ? Toute l'énergie du langage
ne semble-t-elle pas appelée ici pour justifier la
conduite de Charles X ? Non seulement il avait
le droit de modifier la Charte, mais il avait *le*
droit de la suspendre. La prérogative dont il a
usé était *inhérente à sa couronne;* elle était *re-*
connue et constituée par la Charte. Enfin, il

s'est appuyé *sur les Constitutions légales de la France.* Disons-le donc : les ordonnances de juillet étaient dans les attributions conférées par la Charte à la royauté.

Le malheur de ces ordonnances est d'avoir été la dernière goutte d'eau qui a fait déborder le vase révolutionnaire. Elles n'ont point été la cause de la révolution de 1830, mais elles en ont marqué le commencement, et il n'en faut pas davantage pour qu'on leur attribue toute la perturbation que cette révolution a jetée dans l'ordre social. Mais cette erreur sera courte, et bientôt la nation désabusée, reportera sa colère sur les mandataires infidèles qui ont réduit la royauté à la nécessité de se défendre.

Ecoutez les révolutionnaires, ils vous diront, avec une imperturbable audace, que Charles X voulait renverser la Charte et ravir à la nation toutes ses libertés. Que ces hommes méprisent profondément le peuple, et qu'ils savent bien l'art de le tromper! Eh! sur quel fondement osent-ils imputer à Charles X un projet aussi criminel? De quel droit le placent-ils au-delà du cercle où il s'est lui-même renfermé? Non, le prince dont le premier acte, à son avènement au trône, a été la suppression de la censure, n'a jamais rêvé le pouvoir absolu; il n'a voulu autre chose que changer la loi des élections et mettre un frein à la licence de la presse. Le salut du trône, que dis-je? le salut de la société, étaient à ce prix; ils y sont encore aujourd'hui.

O vous donc, nobles victimes du devoir et de la fidélité, vous, à qui l'on impute les malheurs d'un combat que la révolution seule avait engagé et que l'honneur vous ordonnait de soutenir; vous, qui vous êtes si généreusement précipités au-devant des coups dirigés contre la royauté, consolez-vous dans les fers où la haine vous a jetés! Que l'estime des gens de bien vous y soit une pensée douce! La postérité vous vengera des outrages de vos concitoyens; et peut-être le jour n'est pas loin où vos ennemis eux-mêmes, si braves dans l'attaque, s'applaudiront, comme Français, d'avoir trouvé tant de dévouement et de fermeté dans la défense. Quelle honte pour la nation, si la royauté eût été rendue sans combat par les hommes commis à sa garde! Grâces au ciel, nous avons été préservés d'une telle ignominie!

CHAPITRE IV.

De la légitimité d'Henri **V**,
d'après les principes proclamés par la révolution de juillet.

Namque erit ille mihi semper Deus!

Raisonnons avec les hommes de juillet, d'après les principes qu'ils ont eux-mêmes posés.

« Le principe de la révolution de juillet, a « dit **M.** Casimir Périer, dans la séance du 1er « mars 1831, ce n'est pas l'insurrection, *c'est* « *la résistance à l'agression du pouvoir.* On a « provoqué la France, on l'a défiée ; elle s'est « défendue, et sa victoire est celle du bon droit « outragé. Le respect de la foi jurée, le respect « du droit, voilà le principe de la révolution de « juillet, voilà le principe du gouvernement « qu'elle a fondé. »

Mais si, comme nous venons de l'établir, les ordonnances de juillet n'excédaient pas les bornes du pouvoir constitutionnel du roi, comment alors la France a-t-elle été *provoquée et défiée?* A quelle agression a-t-elle eu *à résister?* Qu'avaient à se plaindre les électeurs, d'une mesure conforme à la Charte ; d'une mesure que le salut de l'Etat exigeait impérieusement, et que leur conscience leur montrait aussi juste que pressante? La Charte *que la royauté avait faite* avait-elle réduit cette royauté à un tel état d'abjection, qu'elle dût laisser détruire pièce à pièce ses plus importantes prérogatives?

Quels efforts Charles X n'a-t-il pas tentés pour se maintenir dans le cercle d'une légalité incontestable! Avec quelle douceur, avec quelle patience n'a-t-il pas attendu que les électeurs revinssent à de meilleurs sentimens! Que de fois n'a-t-il pas interrogé leur repentir! Et pour qu'il recourût au dernier moyen de salut que la Charte lui offrait, combien n'a-t-il pas fallu que le péril fût imminent! Lui, tyran! lui, parjure! Le croyez-vous, vous-même qui l'osez dire? Entouré d'ennemis acharnés à sa ruine, l'a-t-on vu étendre sur toute la France une vaste inquisition, pénétrer à main armée dans le domicile des citoyens, violer le secret des familles et le sanctuaire de leurs plus intimes pensées? Ces attentats étaient réservés *aux amis de la liberté*. Loin de là, Charles X s'est, pour ainsi dire, obstiné à croire en l'amour de son peuple ; il l'a accablé de bonheur, de paix , d'abondance et de liberté : il ne voulait vaincre ses prétentions qu'à force de bienfaits.

« A plus de vertus , dit M. de Montbel, on « n'unit jamais plus de tolérance, jamais on ne « poussa plus loin l'abnégation de soi - même et « l'amour de son pays. Tous ses désirs, tous ses « vœux , toute sa préoccupation étaient pour la « paix publique, pour l'honneur et la gloire de « la France. La Providence accorda tous ses « dons à son règne ; tous ses dons furent niés et « méconnus, aussi bien que les intentions du « monarque. Et cependant, combien elles étaient « pures ! comme elles se révélaient à ceux qui « connurent ce prince, aujourd'hui si lâchement « outragé !..... Ah, si le peuple le savait ! Si, « comme nous, il eût pu l'entendre ! Si la « calomnie n'eût élevé son odieuse barrière en- « tre l'amour du monarque et celui de ses su- « jets ! »

Revenons maintenant aux principes de M. Casimir Périer et aux actes auxquels il s'agit d'en faire l'application. Combien les conséquences se pressent avec rapidité !

Si Charles X n'a pas outrepassé ses pouvoirs, le droit de résistance ne s'est donc pas ouvert en faveur du peuple. Donc Charles X n'a pas pu *forfaire* son caractère de roi.

Donc ses droits se sont conservés entiers, et ils vivraient encore en sa personne, si, par le fait de son abdication et de celle de Mgr le dauphin, ils ne fussent passés sur la tête de Mgr le duc de Bordeaux.

Donc, aux termes des doctrines émises par le gouvernement de Louis-Philippe, Henri V est le vrai roi de France, et il ne peut en exister d'autre sans donner à la révolution de juillet un principe différent de celui qu'elle professe : *Le respect du droit et de la foi jurée.*

Que serait-ce, si l'on faisait valoir en faveur d'Henri V, et les dispositions de la Charte qui avait déclaré la personne du roi *inviolable et sacrée,* et les règles ordinaires de la justice qui ne permettent pas de poursuivre sur un enfant le crime de son père?

Je dirai donc aux doctrinaires : C'est en vain que, pour vous emparer du pouvoir, vous avez élevé une dynastie nouvelle, *un roi bourgeois, un roi citoyen.* Votre roi n'est pas notre roi; c'est le roi de la force et du caprice. Il ne représente aucun principe, aucun droit, aucun sysième. C'est la réalisation d'une pensée fugitive; c'est l'œuvre et l'instrument d'une faction; c'est un accident; ce n'est rien.

Le roi, le vrai roi, le roi du temps, de l'ordre et de la stabilité, le roi qui sort de vos propres doctrines, c'est Henri V. Par lui seul il y a loi, pouvoir, droit et liberté; hors de lui, tout n'est qu'anarchie, tyrannie, violence, destruction. Ses droits, déposés dans nos cœurs, s'y conserveront purs de toute altération. Nos vœux le suivront dans son exil; l'espoir de son retour deviendra pour nous un dogme politique. Nous préparerons ses voies, nous baptiserons en son nom; nous convertirons à lui toutes les âmes droites et pures. Et, sans autres armes que la raison et la vérité, sans autre conspiration que l'intérêt de tous, sans autre force que celle du peuple, nous lui conquerrons la France, et nous le rétablirons sur le trône de ses pères.

CHAPITRE V.

Des conséquences de l'expulsion de la branche aînée
des Bourbons,
par le pur effet de la volonté du peuple.

CE que j'ai dit, dans le chapitre précédent, de
Louis - Philippe et d'Henri V, est la conséquence
directe des principes des doctrinaires sur la révolution de juillet : principes d'après lesquels toute
la question de la légitimité de Louis-Philippe
dépend de la culpabilité de Charles X.

S'il résulte de ces principes que la couronne
appartient à Henri V, ce n'est pas moi qui l'ai
dit, ce sont les doctrinaires eux - mêmes, c'est
le ministère actuel, par l'organe de son président.

Il faut l'avouer cependant : tous les hommes
de juillet ne raisonnent pas comme M. Casimir
Périer. Il en est qui entendent bien plus large-
ment le droit d'insurrection, et qui soutiennent,
avec Rousseau, qu'il suffit à la masse du peuple

d'exprimer une volonté, pour que cette volonté devienne *la justice même*. Ceux-là disent : Le peuple ne voulait plus de Charles X ni de sa race; il les a vaincus, il les a chassés; il n'a fait qu'user de son droit.

Si l'on se place ainsi dans le droit de la force, j'avouerai que Charles X a été bien et duement précipité du trône, et que Louis-Philippe, que je veux bien supposer avoir été nommé par le peuple, est actuellement le vrai et légitime roi des Français; mais alors il faut reconnaître *pour juste* tout ce que la force produira, à quelques mains que le hasard la donne.

Alors aussi plus de lois, plus d'ordre, plus de droits. Chaque jour un nouvel état de choses, un nouveau maître, de nouvelles victimes. Des essaims d'ambitieux se rouleront les uns sur les autres, comme les vagues d'un fleuve débordé, portant en tous lieux la dévastation et la mort. Ce qu'un parti aura établi aujourd'hui, un autre parti le détruira demain. Le nom du peuple sera invoqué à l'appui des actes les plus contradictoires : ici, pour élever un nouveau trône; là, pour créer une république. On proscrira, on spoliera, on tuera; et tout cela sera bien, tout cela sera juste, parce que tout cela sera dans l'intérêt du plus fort.

Mais supposons que les lumières et la modération du peuple nous préservent toujours de pareils excès ; et raisonnons avec les hommes *de l'Hôtel-de-Ville*, comme nous avons raisonné avec les doctrinaires : d'après leurs principes particuliers sur la révolution de juillet et sur la nature du titre de Louis-Philippe.

S'il a suffi à Louis-Philippe de la seule volonté du peuple pour être élevé au trône, on ne lui doit obéissance que tant qu'il plaira au peuple de lui conserver la couronne. Or, le peuple veut-il encore aujourd'hui ce qu'il est censé avoir voulu le 7 août ? Voilà le point qu'il importe de vérifier.

Rousseau soutient avec raison (*Contrat social*, liv. 3, chap. 18) que, dans tout gouvernement fondé sur la souveraineté du peuple, le peuple doit être consulté, à certaines époques déterminées, sur les deux questions suivantes :

Plaît-il au souverain de conserver la présente forme du gouvernement ? Plaît-il au peuple de laisser l'administration à ceux qui en sont actuellement chargés ?

Si la Charte du 7 août renfermait une disposition de cette nature, il serait du devoir de chacun d'attendre l'époque de la convocation de l'assemblée du peuple, pour émettre son opinion

sur le maintien ou la modification du pacte social. Mais, en l'absence d'une pareille disposition, il est évident que tout citoyen a droit de
proclamer, quand bon lui semble, *sa volonté
souveraine ;* car comment connaître la volonté
actuelle du peuple, sinon par la manifestation
des volontés particulières?

Ainsi, chaque membre du souverain a le droit
incontestable de se poser chaque jour à lui-même
les deux questions de Rousseau; et, répondant à
la première, de déclarer publiquement *qu'il ne
lui plaît pas de conserver la forme du gouvernement établi par la Charte du 7 août;* et, répondant à la seconde, *qu'il ne lui plaît pas de
laisser l'administration de l'État au prince à
qui cette Charte l'a confiée.*

Et comme on ne peut pas supposer un citoyen
assez insensé pour vouloir changer le gouvernement établi sans avoir autre chose à lui substituer, tout membre du souverain a droit de dire
encore : ***Je veux*** une monarchie fondée sur tels
et tels principes, et *je veux* que la couronne
soit placée sur la tête d'Henri V, seule garantie
de l'ordre, de la paix et de la propriété : car *tel
est mon bon plaisir.*

Je sais bien qu'il est impossible à un gouvernement de lutter long-temps contre de pareilles

attaques; mais qu'y faire? Peut-il arguer du silence du peuple comme d'une reconnaissance de son autorité, et, en même temps, fermer la bouche à ceux qui veulent élever la voix contre cette autorité? Aussi, tout gouvernement qui ne s'appuie pas sur un droit quelconque *supérieur à la volonté du peuple, est-il un gouvernement absurde,* un gouvernement privé de tout moyen légal de se défendre, et qui, sous peine de se mettre en contradiction avec ses propres principes, ne peut qu'attendre avec résignation le coup sous lequel il doit tomber.

CHAPITRE VI.

De l'avenir de la révolution de juillet.

LE résultat naturel de la révolution de juillet devait être l'établissement de la république. Le parti républicain s'était seul montré sur le champ de bataille; seul il avait renversé le trône; c'était à lui qu'il appartenait de faire prévaloir son système de gouvernement (1) : mais souvent celui-là est vainqueur qui ne recueille pas le fruit de la victoire.

Depuis long-temps le parti d'Orléans se dispo-

(1) Je n'entends cependant pas dire que le parti républicain n'ait été puissamment secondé par le parti bourgeois. Mais lorsque *l'émeute* du mardi fut devenue le jeudi *une révolution*, cette révolution passa des mains des bourgeois dans celles du peuple; et je ne sache pas que le peuple ait jamais songé à remplacer la légitimité par une quasi-légitimité.

sait à profiter du désordre que devait nécessairement amener l'organisation vicieuse des colléges
électoraux : toutes ses machines étaient dressées,
ses rôles distribués, son homme prêt (1) ; il n'attendait que le moment d'agir.

Ce parti se trouva donc avoir, à l'instant dé-
cisif, un avantage immense sur tous les autres
partis engagés avec lui dans la lutte contre la
royauté légitime, lesquels ne s'étant point con-
certés d'avance sur le gouvernement à substituer
au gouvernement existant, se virent surpris par
la victoire, et ne surent plus que faire de leur
succès. Pendant qu'ils délibéraient sur la marche
qu'ils avaient à suivre, le parti d'Orléans se réunit à l'écart, arrêta ses dernières mesures et pro-
clama Louis-Philippe.

On sait aujourd'hui avec quelle froideur, pour
ne pas dire avec quelle répugnance ce pâle dé-
nouement de la révolution de juillet fut accueilli
par les masses soulevées. Elles hésitèrent un moment si elles ne reprendraient pas les armes pour
porter le dernier coup à la royauté et établir la
république ; mais on parvint à tromper les hommes investis de leur confiance. On fit aux plus

(1) *Relation des évènemens de juillet* 1830, par M. Marrast.

exaltés de solennelles promesses, et l'on finit par leur faire agréer l'établissement du nouveau trône, en leur donnant l'assurance positive *que ce trône serait un trône populaire entouré d'institutions républicaines.*

Il faut rendre justice aux doctrinaires : ce n'était point ainsi qu'ils avaient conçu leur monarchie nouvelle, et ce fut à leur grand regret qu'ils se virent forcés de lui donner pour base le principe de la souveraineté du peuple; principe dont les terribles conséquences ne pouvaient échapper à leur sagacité. Ils auraient voulu s'en tenir à l'exercice du droit de résistance, proclamer ce droit ouvert en faveur du peuple par la publication des dernières ordonnances, et réduire la révolution de juillet à un simple changement de dynastie, en conservant à la royauté de Louis-Philippe toutes les garanties que la Charte avait assurées à l'ancienne royauté. Mais, obsédés par les exigences du parti révolutionnaire, et menacés par ce parti d'une seconde révolution, les doctrinaires se trouvèrent sous la nécessité de se rapprocher en quelques points du programme de l'Hôtel-de-Ville.

En conséquence, et non sans un vif pressentiment des malheurs que ces mesures devaient entraîner :

Ils s'engagèrent à établir un nouveau système électoral sur des bases plus larges et plus populaires.

Ils soumirent à un nouvel examen l'institution de la pairie.

Ils donnèrent aux Chambres l'initiative des lois.

Enfin, ils interdirent à jamais le rétablissement de la censure.

Or, une première réflexion se présente :

Si l'ancienne royauté n'a pu se soutenir contre le parti républicain avec tous les moyens d'influence qu'elle puisait dans la Charte de Louis XVIII, comment la royauté de Louis-Philippe pourrait-elle se soutenir contre le même parti, lorsque, d'une part, elle a été dépouillée des plus importantes prérogatives dont jouissait la royauté légitime, et privée de l'appui d'une Chambre des pairs héréditaire; et que, de l'autre, le parti républicain se trouve encore renforcé de toute la puissance du principe de la souveraineté du peuple, proclamé comme base de la nouvelle Constitution ?

Dans le système de la Charte de Louis XVIII, la royauté était une force réelle, en ce qu'elle représentait une opinion puissante dans l'Etat : celle de tous les grands propriétaires et de cette

immense quantité de Français attachés par instinct à la royauté. Mais aujourd'hui que toutes
les opinions royalistes sont adverses à la royauté
élue, que représente cette royauté? A quoi ré-
pond-elle? Par quel avantage compense-t-elle et
les frais qu'elle occasionne et l'anomalie choquante qu'elle produit dans un système politique
fondé tout entier sur l'égalité?

La royauté légitime exprimait un vrai besoin :
celui de l'ordre et de la stabilité; c'était la garantie la plus solide de tous les droits acquis. La
royauté élue n'exprime absolument rien. En
butte à l'inconstance du peuple, elle laisse tous
les droits exposés à ce même danger, et n'est, il
faut bien l'avouer, qu'une honteuse concession à
la crainte de l'étranger.

Il est impossible qu'une royauté ainsi isolée
dans la nation, qu'une royauté, œuvre et instrument d'une faction, et qui voit réunis contre
elle et les royalistes et les républicains, puisse
se maintenir long-temps au milieu des orages qui
ne cesseront de l'environner.

Qui soutient aujourd'hui le trône de Louis-
Philippe? quelques intérêts particuliers, et la
peur de la république.

Mais ces intérêts sont-ils assez puissans pour
mettre la royauté nouvelle à l'abri de tout dan-

ger ? et cette peur de la république est-elle assez générale pour former un obstacle insurmontable aux progrès du parti républicain ?

On compare la révolution de juillet à la révolution de 1688 ; et de ce que la maison d'Hanovre a réussi à s'affermir sur le trône, à l'aide des intérêts qui l'y ont élevée, on conclut que rien n'empêche la maison d'Orléans d'obtenir le même succès avec le même secours.

Mais il y a une immense différence entre les intérêts qui ont fait et soutenu la révolution de 1688, et ceux qui ont fait et qui voudraient soutenir la révolution de juillet. Les uns étaient des intérêts aristocratiques, c'est-à-dire des intérêts *permanens et héréditaires,* offrant à la couronne, de générations en générations, une même masse de défenseurs ; tandis que les seconds sont des intérêts bourgeois, des intérêts *purement viagers,* des intérêts de places et d'émolumens, qui sont balancés par les intérêts froissés des hommes privés de leurs emplois ; ou bien encore *des intérêts d'opinion,* intérêts *toujours mobiles et flottans,* qui peuvent d'un moment à l'autre se porter sur une autre famille ou sur une autre forme de gouvernement.

· Il existe en outre dans l'aristocratie une force qui lui est propre et qui résulte d'un ensemble de vœux et de sentimens que l'on chercherait en vain dans la bourgeoisie.

Une aristocratie est un corps composé de membres certains, ayant les mêmes priviléges à défendre, et par conséquent la même volonté. Mais qu'est-ce que la bourgeoisie? Où commence-t-elle? Où finit-elle? Les hommes placés à sa tête veulent-ils et peuvent-ils vouloir la même chose que ceux qui sont placés dans ses derniers rangs? Et lorsque les premiers sont déjà si distingués de la masse, qu'il leur est impossible de ne pas se laisser entraîner à des idées aristocratiques, les seconds, qui font foule, ne doivent-ils pas pencher, au contraire vers les idées démocratiques?

Quant à la peur de la république, cette peur, qui domine en effet la masse des propriétaires et l'attache, faute de mieux, à l'ordre passager de la quasi-légitimité, est bien loin de produire le même effet sur la partie active et forte de la nation; je veux dire sur cette classe de la société qui tient au peuple par son manque absolu de fortune et à la bourgeoisie par son éducation; et qui, loin de redouter les excès de la république, regarde cette forme de gouvernement comme la seule qui puisse l'arracher à son obscurité. La bourgeoisie se flatte d'être toujours en état de comprimer par son énergie cette poignée de dissidens; mais elle ne réfléchit pas qu'elle n'est elle-même parvenue au pouvoir qu'avec les bras du peuple, et que les républicains, tout puissans sur le peuple par les illusions qu'ils lui présentent, pourront quand ils le voudront le soulever tout entier contre elle.

La royauté de Louis-Philippe ne peut donc faire aucun fonds sur les intérêts particuliers engagés dans sa cause, ni même sur la terreur d'une nouvelle révolution.

Cette royauté doit périr : 1° Par le développement du principe de la souveraineté du peuple, qu'elle a proclamé comme base de ses propres droits. 2° Par les attaques chaque jour répétées de la presse périodique, qu'elle s'est mise dans l'impuissance de réprimer. 3° Par l'absence d'un intérêt *commun et permanent* entre les électeurs et la couronne. 4° Par l'inertie *mystérieuse* des royalistes (1). 5° Enfin, par l'état d'hostilité dans lequel ses persécutions ont placé à son égard le clergé et les royalistes.

Quelque menaçant que soit en lui-même le principe de la souveraineté du peuple, je n'irai cependant pas jusqu'à prétendre que tout gouver-

(1) Discours de M. Casimir Périer, dans la séance du 9 août 1831.

nement assis sur cette base soit absolument impossible; mais je dis qu'un pareil gouvernement est impossible, s'il n'est organisé de manière que le principe de la souveraineté du peuple soit étouffé sous l'harmonie générale des institutions, et comprimé dans toutes ses conséquences.

Le gouvernement de Bonaparte était aussi fondé sur la souveraineté du peuple, et l'on ne peut nier que ce ne fût un gouvernement fort. Mais pourquoi? Parce que, dans l'ordre de choses établi par Bonaparte, le principe de la souveraineté du peuple n'avait aucune issue par où il pût envahir la société : ni journaux, ni clubs, ni tribune publique; et que le pouvoir était appuyé sur des forces positives; savoir : sur les intérêts *permanens et héréditaires* des acquéreurs des biens nationaux; sur une armée dévouée jusqu'au fanatisme; sur la gloire incomparable du prince; sur une loi d'élections qui lui livrait la Chambre des députés; sur un Sénat à sa nomination ; et enfin, sur la reconnaissance du clergé, auquel il avait rendu ses autels, ses richesses, et déjà une partie de son ancienne influence politique.

Le trône de Louis-Philippe, au contraire, exposé à toute la fureur de la presse périodique, ne peut résister à *cette invasion de conséquen-*

ces (1) qui l'assaillent de toutes parts. Il ne peut *fonder un avenir* (2) ni se préserver *de ces croissances trop précoces qui énervent et font dépérir le corps social* (3). Odieux aux royalistes, qui ne feront jamais usage de leurs droits politiques que pour ramener la vraie royauté, ce trône est destiné à être bientôt remplacé par elle, ou à devenir la proie du parti républicain. En vain compterait-il sur les électeurs, qu'aucun intérêt matériel n'attache à sa destinée; sur l'armée, à laquelle aucune victoire ne l'a uni; sur le clergé enfin, qu'il s'est aliéné par les outrages dont il a permis qu'on l'abreuvât, et dont il a même consenti à se rendre complice.

A toutes ces causes de destruction viennent se joindre de nouveaux motifs provenant de la position individuelle de Louis-Philippe.

Le moindre avantage que le parti républicain devait espérer de son sang répandu dans les journées de juillet, c'était (la royauté étant maintenue) que le nouveau prince tînt réellement son pouvoir du peuple, et ne pût être

______

(1) Discours de M. Casimir Périer, dans la séance du 9 août 1831.

(2) *Idem.*

(3) *Idem.*

ainsi que l'instrument aveugle de sa volonté.

Or, l'élection du duc d'Orléans peut-elle être considérée comme la véritable expression d'un vœu populaire?

Je n'examinerai point avec M. de Cormenin, si cette élection est régulière; si la Chambre de 1830, mutilée comme elle l'était, pouvait rendre encore une décision valable; si tous les droits dont elle s'est investie étaient bien la conséquence exacte de la nécessité du moment; enfin, si la Constitution qu'elle a rédigée et l'acte par lequel elle a appelé au trône le duc d'Orléans, n'auraient pas dû, dans tous les cas et conformément aux principes qu'elle proclamait, être soumis à la sanction du peuple. Tout ce que la Chambre a fait, Révolution, Charte, Roi, j'admets tout comme légal et comme l'effet d'un mandat régulier. Mais je demande alors quelle considération particulière a dirigé son choix sur la personne du duc d'Orléans plutôt que sur toute autre? La Chambre a répondu d'avance à cette question : elle a, dit-elle, choisi le duc d'Orléans, parce qu'il était le plus proche héritier du trône, après les princes de la branche aînée. Eh quoi! la Chambre a donc reconnu en lui un droit, sinon direct, du moins éloigné, de légitimité? Elle a donc plutôt *déclaré son droit au trône ,* qu'elle ne lui *en a conféré un elle-même ?* Elle a donc dénié au peuple sa souveraineté, en puisant les motifs du choix qu'elle faisait du duc d'Orléans, non dans les qualités personnelles de ce prince ou dans les avantages qu'il pouvait apporter à la nation, mais dans les droits dévolus à la branche cadette des Bourbons, par l'extinction de ceux de la branche aînée? Une nouvelle révolution devient donc nécessaire pour que le principe de la souveraineté du peuple reçoive son entière application?

Mais combien l'avenir ne peut-il pas rendre l'élection du duc d'Orléans plus hostile encore au principe de la révolution de juillet ! Entre ce prince et la légitimité, il ne se trouve qu'un enfant. Que la main de Dieu s'appesantisse davantage sur la France et que cet enfant s'éteigne sans postérité, son droit descend au duc d'Orléans. Qu'adviendra-t-il alors de Louis-Philippe, et quel roi la France devra-t-elle voir en lui? Sera-ce toujours le roi élu, le roi-citoyen? Sera-ce, au contraire, le roi légitime, le roi du temps, l'héritier de Saint-Louis et d'Henri IV? Dans le doute, que devient le principe de la révolution de juillet? Où est le prix du sang versé? N'aura-t-on pas rétrogradé jusqu'à la restauration? Le choix fait de la personne du duc d'Orléans doit donc être, sous ce rapport aussi, une cause de nouvelle révolution.

Enfin, il vient d'être introduit dans la Charte du 7 août un nouvel élément de destruction, par la grande faute que l'on a faite de conserver les pairs de la restauration, après la suppression de l'hérédité de la pairie. Comment concevoir, en effet, qu'au milieu des ressentimens profonds qu'a dû implanter dans le cœur des anciens pairs la perte d'un aussi important privilége, les hommes de l'Hôtel - de - Ville puissent encore supporter long-temps une Chambre nécessairement hostile à la révolution de juillet, et nécessairement portée aussi à rappeler l'ancienne dynastie et à remettre en vigueur la Charte de 1814? N'est-il pas évident que ces hommes travailleront sans relâche à soulever le peuple contre un pouvoir aussi positivement en contradiction avec l'ordre de choses sorti des barricades, et que leurs argumens, auxquels rien de raisonnable ne pourra être opposé, devront finir par faire une vive impression sur la nation et par opérer encore quelque grand mouvement, dans lequel la Chambre des pairs, la Charte du 7 août et la nouvelle royauté elle-même courront risque d'être emportés?

Aussi *le National* n'hésite-t-il pas à déclarer

que la royauté de juillet *est sapée dans les ba-*
ses que lui avaient données ses fondateurs.

Si, d'un autre côté, les opinions monarchiques viennent à se ranimer dans les cœurs, qui
voudra d'une royauté appuyée sur un principe
faux et paralysée dans tous ses mouvemens; d'une
royauté toujours prête à dégénérer en république;
d'une royauté d'émeutes et de désordre, incapable
d'assurer la sécurité de personne?

Les hautes notabilités que cette royauté aura
créées seront les premières à l'abandonner,
parce qu'elles sentiront qu'il est au-dessus de ses
forces de les maintenir au rang où elle les aura
élevées. Les premières elles appelleront de tous
leurs vœux la vraie royauté, à laquelle seule il
est donné d'imprimer le sceau de la durée *à tout*
ce qu'elle ratifie, comme à tout ce qu'elle ins-
titue.

Le jour donc où la France sera décidée à
mettre enfin un terme aux maux qui l'affligent
depuis tant d'années, et à constituer réellement
un gouvernement, ce-jour là, elle se tournera
tout entière vers la légitimité comme vers la
seule base sur laquelle elle puisse élever un édifice durable.

Alors toutes les causes de trouble et d'irritation disparaîtront à jamais. Henri V ne sera plus

pour personne *le roi de Waterloo* : ce sera le roi de la jeune comme de la vieille France. Tout renaîtra sous son sceptre légitime : crédit, commerce, confiance, gloire, beaux-arts, justice, autorité, religion. Tous les cœurs s'ouvriront à la joie et à la bienveillance. La monarchie restaurée sera la monarchie de tout le monde. Chacun en revendiquera sa part, comme ayant contribué à l'élever. L'un y aura introduit les garanties établies en faveur de la liberté : l'autre, les garanties établies en faveur de la couronne ; celui-ci, la religion réintégrée dans ses honneurs ; celui-là, le nom français sonnant plus haut chez l'étranger ; tous enfin la reconnaissance nouvelle du principe vital de la légitimité.

Henri V sera donc rappelé, ou jamais la monarchie représentative ne sera instituée en France. Henri V sera rappelé, ou la France sera de nouveau plongée dans toutes les horreurs de l'anarchie. Alors des hommes diront : « Nous ne sa« vons rien des temps de 93, sinon qu'après avoir « commencé par l'envahissement de la France, « ils ont fini par sa délivrance et son agrandis« sement ; *car les hommes sensés ne cherchent* « *dans l'histoire que les résultats.* »

Et eux aussi, obstinés à fonder une république impossible, ils n'auront en vue que *ce ré-*

sultat, et s'inquiéteront peu *des temps par lesquels il faudra passer* pour y arriver.

Et ce que nous avons vu, nous le reverrons;

Et nous entendrons de nouveau ces terribles paroles : *De l'énergie! de l'énergie! et encore de l'énergie !*

Et le lendemain du jour où cet épouvantable cri aura été poussé, tous les malheureux renfermés dans les prisons seront déchirés en lambeaux;

Et leurs membres palpitans seront promenés dans Paris;

Et les mêmes abominations seront commises en tous lieux;

Et un vaste système de massacres sera organisé dans toute la France;

Et de nouvelles machines de mort seront inventées;

Et les femmes, les enfans et les vieillards seront frappés sans pitié;

Et comme la vertu républicaine brillera alors de tout son éclat, elle se fera une horrible gloire d'avouer hautement ses exécrables exigences, et nous verrons succéder sur nos murs, aux hypocrites jugemens de 93, des ordonnances ainsi conçues :

« Au nom du peuple souverain et par ordre
« du comité de salut public, seront aujourd'hui

« massacrés M M M M, ennemis connus de la
« liberté, de l'égalité, du travail en commun et
« du partage des terres. »

Ces effroyables images ne sont pas le produit
d'un esprit chagrin. Une assemblée nous a été
annoncée, qui doit

Marcher d'un pas puissant,
Le front dans la tempête et les pieds dans le sang (1).

Toujours les mêmes passions enfanteront les
mêmes crimes. Que dis-je, les mêmes crimes !
Les crimes anciens devront être surpassés, parce
qu'ils sont restés au-dessous de ce qu'on en avait
attendu. On ne veut plus de religion, plus de
noblesse, plus de propriété : donc il faut égor-
ger jusqu'au dernier prêtre, éteindre la noblesse
dans le sang de son dernier rejeton, et proscrire
tout ce qui possède, depuis le plus riche jusqu'au
plus petit propriétaire.

Mais que les jacobins ne comptent plus sur
l'ancienne résignation de leurs victimes : on leur
rendra guerre pour guerre, sang pour sang. Le
jour où sonnera la trompette du meurtre, c'est-
à-dire le jour où la république sera proclamée,

____

(1) *Némésis*, de M. Barthélemy.

chacun saura le destin qui l'attend et ne prendra plus conseil que du désespoir. Une égale fureur s'emparera du proscrit et de l'oppresseur. La mort sera douce et heureuse qui aura été précédée de la mort d'un ennemi; il n'est pas jusqu'aux femmes qui ne deviendront des lions dans la pensée du sort réservé à leurs enfans. Dans l'absence de toute justice, chacun se fera justice à soi-même, et du moins ceux-là qui auront suscité cette grande calamité, n'en recueilleront pas le fruit. Il ne leur sera pas donné, comme à leur Robespierre, un an de paix et de pouvoir sur les cadavres entassés de leurs victimes. Chaque jour sera pour eux un jour de combat; et maudits, exécrés de tous, ils trouveront la vengeance à côté de chaque assassinat.

Mais grâces au Ciel, ces horreurs peuvent être détournées de nous! Le lien social n'est pas encore entièrement rompu; les lois n'ont pas perdu toute autorité, et le droit de propriété n'est qu'à peine ébranlé dans l'esprit des peuples.

Réunissez-vous donc, vous tous qui possédez un nom, une industrie, une propriété; levez-vous contre les destructeurs de l'ordre social, contre les spoliateurs de vos biens. Lancée par quelques factieux sur la route de l'abîme, la France peut s'arrêter encore, et retourner en arrière. La royauté légitime est toujours là près d'elle, avec ses trésors de paix, d'ordre et de confiance. Que la France se jette dans ses bras! elle y trouvera plus de prospérité réelle, plus de vraie liberté que dans ces théories vides de toute substance, qui lui ont déjà coûté tant de larmes et de sacrifices!

Mais la vraie royauté rétablie en France, quel gouvernement devra-t-elle adopter? Par quelle sage institution devra-t-elle satisfaire tant de prétentions diverses qui se sont élevées parmi les peuples? Par quels moyens s'identifiera-t-elle avec la nation, et deviendra-t-elle à la fois l'objet de son amour et de sa reconnaissance, la pierre angulaire de l'ordre, de la paix et de la liberté? Tel sera l'objet du livre suivant.

LIVRE II.

DE LA MANIÈRE D'ÉTABLIR EN FRANCE LA MONARCHIE REPRÉSENTATIVE.

———

CHAPITRE UNIQUE.

Des principaux changemens à faire à la Charte de 1814.

Si je voulais tirer parti en faveur du mode de gouvernement établi par la Charte de 1814, des résultats produits par la révolution de juillet, je pourrais dire :

La révolution de juillet ne peut plus laisser aucun doute sur le système politique le plus conforme aux vœux de la France.

Le trône renversé, l'armée dispersée ou ralliée à la révolte, les magistrats dépouillés de leur autorité, rien n'empêchait le peuple de donner l'essor à ses prétentions les plus désordonnées et de les réaliser dans toute leur étendue.

Il pouvait supprimer à la fois tout pouvoir qui n'émanait pas directement de lui, ou qui ne se renouvelait pas en lui par des élections périodiques. Il pouvait se réserver le choix de toutes les autorités, supprimer la noblesse ancienne et nouvelle et proclamer l'égalité politique la plus absolue.

Cependant qu'a fait ce peuple? Pénétré des avantages de la monarchie, il s'est séparé des hommes qui l'entraînaient à la république, et n'a pas voulu qu'il fût rien changé à l'organisation du pouvoir, telle que Louis XVIII l'avait établie.

La Charte de 1814 doit donc être considérée comme la véritable expression des besoins de la nation, comme la forme de gouvernement qu'elle juge le plus propre à faire son bonheur.

Voilà ce que je pourrais dire, si je ne tenais aucun compte de la vérité, et ce que je pourrais dire sans qu'il fût possible de contester mes allégations, justifiées qu'elles seraient par les faits. Mais j'aurais honte de tirer avantage de la fraude heureuse des doctrinaires, et je me hâte de reconnaître, avec le parti républicain, que tout ce qui s'est fait après la révolution de juillet s'est fait contre la volonté de ceux qui avaient le plus contribué à cette révolution; que le roi nouveau, que la Charte nouvelle, n'ont été qu'*un escamotage* (1), et que ce n'est pas dans *toute cette*

____

(1) Relation de M. Marrast.

comédie qu'il faut aller chercher le véritable vœu du peuple français.

Mais si les résultats de la révolution de juillet, dénaturés comme ils l'ont été par les doctrinaires, ne peuvent porter aucune lumière sur la nature du gouvernement le plus conforme aux mœurs et aux intérêts de la France, il ne nous reste plus d'autre manière de nous éclairer à cet égard que de rechercher quel est le système politique qui, parmi tous ceux auxquels la France a été successivement soumise, lui a procuré la plus grande somme de bonheur. Or, à quelle époque de son histoire la France est-elle parvenue à un aussi haut degré de prospérité que celui qu'elle a atteint sous la Charte de 1814? Quand les peuples ont-ils été si heureux, si libres, si efficacement protégés contre toute oppression? Quand l'administration du royaume a-t-elle présenté plus d'ordre et d'économie? Quand le gouvernement s'est-il montré plus prompt à faire droit à toutes les réclamations, à réprimer tous les abus?

« Que si l'on veut connaître, » s'écrie M. le duc de Noailles dans son admirable discours sur l'hérédité de la pairie, discours que la vertu seule de cette belle institution était capable d'inspirer, « que si l'on veut connaître les effets ma-

« tériels et les bienfaits de ce gouvernement (la
« Charte de 1814), après en avoir apprécié les
« avantages moraux, qu'on jette les yeux sur les
« quinze années qui viennent de s'écouler sous
« son abri et à l'ombre du trône légitime! Qu'on
« voie la France après tous les déchiremens d'une
« longue anarchie, tout l'épuisement d'intermi-
« nables guerres, le poids si dur et si lourd de
« deux invasions, se relever pleine de vigueur et de
« jeunesse, plus riche et plus florissante qu'avant
« ses désastres! Qu'on se rappelle le degré de pros-
« périté où elle était parvenue en 1830, l'état de
« ses finances, l'élévation de son crédit, les pro-
« grès de son industrie, l'accroissement de son
« commerce, l'amélioration de toutes les valeurs;
« combien de fortunes créées, combien de monu-
« mens nouveaux et de signes certains attestant
« l'augmentation de l'aisance générale et de la
« richesse publique! »

Je me crois donc fondé à conclure, de cette
incontestable prospérité dont la France a joui
sous la Charte de 1814, que cette Charte constitue le mode de gouvernement le plus certainement conforme aux mœurs actuelles de la nation
et le plus propre à satisfaire aux besoins respectifs du pouvoir et des peuples.

Cependant cette Charte est tombée, et il faut

avouer que, tout le temps qu'elle a subsisté, elle a toujours été en péril d'être renversée. Il y avait donc en elle quelque chose de radicalement vicieux.

Ainsi que nous l'avons démontré dans le livre précédent, la royauté ne pouvait se maintenir en présence d'une presse périodique dont aucun mode de répression n'arrêtait la licence; et encore moins en présence d'un système électoral qui livrait exclusivement à la démocratie la composition de la Chambre des députés.

D'autre part, la nation reprochait à la Charte de ne lui avoir pas fait une part assez large dans le gouvernement, et d'avoir établi ou conservé des rangs et des dignités qui lui paraissaient inutiles au maintien de l'ordre public.

Ainsi, du côté de la royauté comme du côté du peuple, on sentait le besoin que la Charte fût réformée en plusieurs points importans. Sans doute, les changemens réclamés par les deux parties étaient d'une nature diamétralement opposée, et ne permettaient guère d'espérer que le prince et le peuple pussent jamais s'entendre sur les modifications à apporter à la Charte. Mais aujourd'hui qu'une bien triste expérience les a mutuellement éclairés sur la réalité de leurs besoins réciproques, ne serait-il pas possible qu'ils

se rapprochassent et qu'ils convinssent d'une nouvelle transaction?

L'objet de ce chapitre est de chercher les élémens de cette transaction.

Les rois sont faits pour les peuples, disait, à
la Cour même de Louis XIV, l'illustre élève de
Fénélon. Il existe donc pour les rois une espèce
d'obligation de conscience de satisfaire aux vœux
de leurs peuples, lorsque ces vœux peuvent être
réalisés sans nuire à l'ordre public et sans porter
atteinte au principe même du gouvernement.

Or, quelles sont aujourd'hui les prétentions du
peuple en matière de gouvernement en général,
et en particulier sur les changemens à faire à la
Charte de 1814; ou, pour parler plus exactement, quelles sont sur ces deux points les prétentions des notabilités intellectuelles dont le
peuple s'est habitué à recevoir l'impulsion?

Ces prétentions, les voici :

1° La coopération de la nation à l'acte qui doit
constituer définitivement la forme de son gouvernement.

2° L'affranchissement des communes.

3° Le concours de l'universalité des citoyens
à la formation de la Chambre ou des Chambres
électives.

4° L'abolition de l'hérédité de la pairie.

5° La suppression de l'art. 6 de la Charte, qui dispose que la religion catholique, apostolique et romaine est la religion de l'Etat.

6° Enfin, la concession aux deux Chambres de l'initiative des lois.

Examinons successivement chacune de ces prétentions.

Après les derniers malheurs qui sont venus fondre sur la royauté, malheurs qui ne peuvent être attribués qu'à l'insuffisance de ses prérogatives, il semble, au premier coup-d'œil, qu'elle ne puisse plus se dessaisir de la moindre portion du pouvoir que la Charte lui a laissé, sans s'exposer à de nouveaux dangers et sans appeler sur la France de nouvelles révolutions.

Toutefois, ne nous laissons pas prévenir par nos propres convictions; car il pourrait arriver qu'au moyen de certaines combinaisons, la sûreté du trône sortît précisément de l'influence plus grande accordée au peuple dans l'exercice de la puissance publique.

La première prétention du peuple, c'est de coopérer à l'acte constitutif de la nouvelle forme du gouvernement.

Cette prétention est-elle incompatible avec le principe de la royauté?

Je ne me dissimule pas ce qu'elle a de mal sonnant aux oreilles des royalistes, qui sont toujours en défiance de tout pouvoir exercé par le peuple. Il y a cependant une différence énorme entre le droit réclamé par la nation de faire elle - même sa Constitution, et le droit de la faire *concurremment avec le roi;* et si la première de ces prétentions doit être en effet considérée comme destructive de la royauté, en ce qu'elle implique la reconnaissance de la souveraineté du peuple, on ne voit pas pourquoi il en serait de même de la seconde ; qui implique au contraire la reconnaissance du principe que le roi est *partie nécessaire* dans tout acte ayant pour objet de modifier ou de changer la Constitution de l'Etat.

Il était d'ailleurs établi sous l'ancienne monarchie que le pouvoir constituant résidait dans le roi et les Etats-Généraux; c'est-à-dire *dans le roi et toutes les classes réunies de la nation.* D'où il suit qu'en admettant la nation à concourir avec le roi à l'établissement de la Charte nouvelle, l'autorité du roi continuera à s'exercer dans le même cercle qu'autrefois, et n'aura reçu aucune atteinte.

Cette première prétention du peuple peut donc être accueillie par la couronne.

Mais alors s'élevera la question de savoir dans quelle forme la nation devra être convoquée, aujourd'hui qu'il n'existe plus d'ordres séparés.

Pour résoudre cette question, il suffit d'examiner quelle était la situation de la royauté vis-à-vis du peuple, lorsque la France était représentée par les Etats-Généraux.

Les Etats-Généraux étaient composés des députés des trois ordres, votant séparément dans leurs chambres respectives. Or, comme sur ces trois ordres il y en avait deux, celui du clergé et celui de la noblesse, matériellement et personnellement intéressés au maintien de la monarchie, il est évident que la royauté n'avait jamais rien à craindre pour son existence de la décision des Etats-Généraux, et que c'était sans danger pour elle qu'elle se trouvait soumise à obtenir leur consentement sur tous les actes qui avaient trait à la Constitution du royaume.

Si donc on veut que le roi soit encore asservi aux mêmes obligations vis-à-vis de la nation, et qu'il doive l'appeler aux changemens à faire à la Charte de 1814, il faut le replacer vis-à-vis du peuple dans la même situation où il était en 1789; c'est-à-dire il faut associer à la couronne, pour le grand œuvre de la reconstruction du gouvernement, une assemblée composée de manière que sa majorité, comme celle des Etats-Généraux, soit sincèrement et fermement dévouée à l'établissement de la monarchie. Sans ces conditions, il n'y a rien d'utile à espérer de la convocation d'une assemblée nationale.

Les royalistes se flattent que, de la réunion de tous les citoyens en assemblées primaires, il résulterait une assemblée nationale composée de l'élite des propriétaires, et par conséquent en état d'apprécier les besoins indispensables de la couronne et en disposition d'y satisfaire.

Je suis loin (par des motifs que j'aurai occasion de développer plus bas) de partager cette opinion. Je crois les classes inférieures trop aveuglément livrées aux hommes de loi et aux journalistes, pour en espérer des choix conformes à l'esprit de la royauté; et j'ai la ferme conviction qu'une assemblée sortie uniquement des assemblées primaires, ne constituerait encore qu'une monarchie *entourée d'institutions républicaines;* c'est-à-dire *une monarchie impossible.*

Ce n'est que dans les hautes classes de la société, parmi les magistrats, les officiers-généraux, les administrateurs et les grands propriétaires, qu'il faut chercher les lumières et les convictions morales qui sont absolument nécessaires pour faire une Constitution monarchique. Ailleurs, on ne trouvera que de vagues théories, que des principes faux, incompatibles avec la royauté, si même ils ne le sont pas avec toute espèce de gouvernement.

Toutefois, comme il s'agit moins aujourd'hui d'établir un ordre de choses raisonnable et conséquent que de satisfaire la vanité du peuple, qui veut à tout prix mettre lui-même la main à sa Constitution, il devient inévitable de lui accorder une vaste part dans la nomination des membres de l'assemblée nationale.

Il conviendrait donc, ce me semble, pour se rapprocher autant que possible de l'ancienne composition des Etats-Généraux, d'accorder à la nomination du peuple *un tiers* des membres de cette assemblée, en prenant les deux autres tiers parmi les notabilités du royaume.

Les députés attribués au peuple seraient nommés par des électeurs nommés eux-mêmes par les assemblées primaires, à raison d'un électeur par deux cents habitans. Il serait, de plus, ordonné que les assemblées primaires se réuniraient dans chaque commune de plus de deux cents habitans, afin de maintenir le peuple sous l'influence des propriétaires, et de l'arracher, autant que possible, aux manœuvres des révolutionnaires.

A l'égard des deux autres tiers de l'assemblée nationale, ils seraient composés ainsi qu'il suit :

1° De cinquante pairs, nommés par la Chambre des pairs.

2° De tous les maréchaux de France et de tous les vice-amiraux.

3° D'un nombre déterminé des plus anciens officiers-généraux et contre-amiraux.

4° Des premiers présidens et de tous les présidens de la Cour de cassation et de la Cour des comptes.

5° De tous les premiers présidens des Cours royales.

6° De certains grands dignitaires de l'Université.

7° De trois membres de l'Institut ; et 8° d'un nombre déterminé des propriétaires les plus imposés de chaque département.

Le roi proposerait à cette assemblée le projet de la nouvelle Charte, et le soumettrait à son examen.

L'assemblée, après l'avoir discuté en séance publique, rédigerait un rapport au roi, qui contiendrait ses observations.

Sur ce rapport, le roi ferait à son premier projet, les changemens qu'il croirait convenables ; et le renverrait, ainsi amendé, à la délibération de l'assemblée.

L'assemblée ouvrirait de nouveau la discussion sur l'ensemble du projet amendé ; et, sans pouvoir y faire aucune nouvelle modification, elle procéderait *par appel nominal* sur le rejet ou l'acceptation de la nouvelle Charte.

Passons maintenant à la seconde prétention du peuple : l'affranchissement des communes.

Cette prétention ne peut faire non plus l'objet d'aucune difficulté de la part de la couronne.

L'affranchissement des communes n'est pas aujourd'hui moins nécessaire à la royauté qu'il ne l'est au peuple lui-même. Paris a dévoré la royauté; il dévore la France entière : la royauté et la France ont donc un intérêt commun à briser l'influence de Paris. Il est temps de faire cesser un état de choses dans lequel il n'y a d'ordre et de gouvernement en France que sous le bon plaisir de la capitale. Il faut rendre aux provinces la vie et le mouvement; il faut leur créer des forces et une volonté, afin que la royauté, attaquée à Paris, ne se trouve pas dénuée de toute autre ressource, et qu'elle puisse en appeler aux provinces et les prendre pour juges entre elle et quelques milliers de Français.

Mais, pour que ces forces partielles offrent à la couronne un appui efficace, il faut encore qu'elles s'agglomèrent autour d'un grand centre d'union, de manière à former des masses imposantes et compactes.

Il serait donc utile de rétablir les anciennes provinces, et de les attacher à la royauté par une organisation administrative fondée sur le droit le plus ardemment désiré aujourd'hui par la nation : celui d'élire elle-même ses magistrats municipaux et de concourir au choix de ses administrateurs.

En conséquence, chaque province serait divisée en départemens; les départemens en cantons ou arrondissemens; les cantons en communes.

Toute congrégation excédant deux cents habitans formerait une commune et serait administrée par un maire assisté de ses adjoints, et d'un conseil municipal.

Le maire et ses adjoints seraient choisis par le roi *parmi les membres du conseil municipal.*

Les membres du conseil municipal seraient nommés *par tous les habitans de la commune, âgés de vingt et un ans, et inscrits au rôle des contributions directes.*

Les cantons seraient administrés par un juge de paix, assisté de ses assesseurs et d'un conseil de canton.

Le juge de paix et ses assesseurs seraient nommés par le roi *sur une liste de candidats qui lui serait présentée par le conseil-général du département.*

Les membres du conseil de canton seraient nommés par *les conseils municipaux des communes composant le canton.*

Les départemens seraient administrés par un sous-intendant, assisté d'un conseil-général de département.

Le sous-intendant serait nommé par le roi *sur une liste de candidats qui lui serait présentée par le. l'assemblée provinciale.*

Les membres du conseil-général du département seraient nommés *par les électeurs.*

Les provinces seraient administrées par un intendant, assisté d'une assemblée provinciale.

L'intendant serait nommé par le roi.

Les membres de l'assemblée provinciale seraient nommés *par les électeurs.*

Il n'entre point dans le plan de cet ouvrage d'énumérer les différentes attributions qui seraient conférées aux assemblées provinciales, aux conseils-généraux de département, aux conseils de canton, et enfin aux conseils municipaux. Il suffira de dire que ces attributions seraient combinées de manière que les impôts et les contingens en hommes devraient être répartis à l'avenir : par les provinces, entre les départemens; par les départemens, entre les cantons; par les cantons, entre les communes; et par les conseils municipaux, entre·les différens contribuables et les jeunes gens appelés au service militaire. Que, de plus, chaque province, chaque département, chaque canton, chaque commune aurait le droit de gérer et d'administrer ses revenus; de s'imposer extraordinairement, et jusqu'à la concurrence d'une somme déterminée, pour ses dépenses particulières; d'ordonner tous les travaux qu'elle croirait nécessaires, et de veiller à l'entretien de ses routes, de ses prisons, de ses hôpitaux, et généralement de tous ses édifices publics.

Les assemblées provinciales pourraient même être autorisées à faire certains réglemens locaux sur les baux des maisons, les fermages des terres, le louage des hommes et des choses, et sur les obligations réciproques des maîtres et des serviteurs, des chefs d'ateliers et de leurs ouvriers

Le roi aurait le droit de dissoudre les assemblées provinciales, et de les transporter dans tel ou tel lieu de la province qu'il jugerait convenable.

Les assemblées provinciales seraient présidées *héréditairement* par un pair de France nommé par le roi. Les conseils-généraux de département seraient aussi présidés par un pair de France, *mais non héréditairement.* Nous donnerons plus bas les motifs de ces nouveaux priviléges attribués à la Chambre des pairs.

Il y aurait, auprès des assemblées provinciales, des conseils-généraux de département, des conseils de canton et des conseils municipaux, un commissaire du roi, chargé de surveiller les actes de ces différentes assemblées, de s'opposer à ceux de ces actes qu'il jugerait nuisibles aux intérêts des administrés, et de requérir les travaux ou les réglemens que ces assemblées négligeraient d'ordonner.

En cas de dissentiment entre le commissaire du roi et les différens conseils des communes, des cantons, des départemens, ou les assemblées provinciales, la décision de l'affaire serait portée, savoir : au conseil du département, pour les affaires concernant les communes et les cantons ; à l'assemblée provinciale, pour les affaires concernant les conseils-généraux de département ; et aux Etats-Généraux, pour les affaires concernant l'assemblée provinciale.

Au moyen de cette organisation, les provinces seraient délivrées du poids de la centralisation sous lequel elles gémissent depuis si long-temps ; elles sortiraient de la tutelle de Paris, et deviendraient enfin *majeures et maîtresses de leurs droits et actions.* Les talens que ces provinces renferment n'y seraient plus étouffés et condamnés à une oisiveté désespérante. Une noble et vaste carrière s'ouvrirait désormais devant eux : carrière dans laquelle ils trouveraient de grands services à rendre à leur pays, et une grande influence à conquérir.

Ainsi se formeraient, sur tous les points de la France, des forces et des intérêts qui seraient propres à chaque grande division du territoire ; de telle sorte que, dans ces momens de crise auxquels pas un Etat ne peut espérer de se soustraire toujours, les provinces, rendues à elles-mêmes et rétablies dans leur individualité, au lieu d'être emportées par le grand mouvement de Paris, auraient leur mouvement propre, que le gouvernement pourrait opposer au premier succès de la sédition.

Chaque capitale de province deviendrait le siége d'un petit Etat qui aurait son système d'administration, ses hommes politiques, ses familles influentes et ses mœurs locales. Toutes les ambitions généreuses, toutes les intelligences élevées, tout ce qui se sent tourmenté de l'amour du bien public et d'un noble désir d'estime et de considération, se ferait jour dans les assemblées provinciales, dans les conseils-généraux de département ; et là, par d'utiles travaux et de sages améliorations, leurs lumières et leur patriotisme trouveraient mille occasions de se manifester à la reconnaissance de leurs concitoyens.

Mais, autant une pareille organisation serait favorable au développement des libertés publiques, autant il importerait, pour qu'elle n'engendrât pas dans chaque province un esprit de républicanisme et de fédéralisme, que le système électoral destiné à lui servir de base fût un système *essentiellement monarchique* : car, si la royauté déjà dépouillée du pouvoir législatif, doit l'être en outre du pouvoir administratif, encore faut-il qu'elle ait la certitude que ces pouvoirs seront placés en des mains fidèles qui ne soient jamais tentées de les tourner contre le trône.

Cette observation nous conduit à l'examen de la troisième prétention du peuple, laquelle consiste à être admis, concurremment avec toutes les autres classes de la nation, à la formation de la chambre des députés.

Mais la première des prétentions de la couronne, prétentions que nous examinerons à leur tour, étant de substituer aussi un nouveau système électoral à celui dont les bases ont été posées dans la Charte de 1814, nous suspendrons l'examen de cette troisième prétention du peuple, jusqu'au moment où nous nous occuperons de la première prétention de la couronne; et nous passerons à la prétention du peuple relative à la suppression de l'hérédité de la pairie.

M. Casimir Périer nous a révélé les véritables causes de la haine qui s'est tout à coup manifestée contre cette institution.

« Ce sont, a-t-il dit, des préventions toutes de
« personnes, qui sont retombées sur elle. C'est
« un amour, une ivresse d'égalité, échauffée par
« quarante ans de révolution; et qui, après avoir
« sacrifié, il y a trente ans, la liberté au despo-
« tisme, parce qu'il courbait du moins tout le
« monde sous un même niveau, immole aujour-
« d'hui à son antipathie pour les supériorités
« sociales, une indépendance protectrice de la
« liberté publique. C'est aussi un esprit de sys-
« tème qui conclut contre tout ce qui existe, au
« nom de je ne sais quel rêve de perfectibilité,
« dont les applications ne sont encore que des
« problêmes. Qui sait peut-être? Enfin, c'est le
« dépit d'une aristocratie déchue, dont l'orgueil,
« d'accord avec une envie obscure, conspire
« contre l'établissement possible de supériorités
« nouvelles, nées des institutions qui pèsent
« également aux ambitions trompées et aux pas-
« sions vulgaires. »

Rien n'est plus exactement vrai que cette énumération des causes qui ont déchaîné toutes les passions du jour contre l'hérédité de la pairie.

Oui : c'est *une ivresse d'égalité* tout aussi menaçante pour la royauté que pour la pairie ; c'est *un esprit de système,* ennemi de toute autorité ; c'est enfin *le dépit* de l'ancienne noblesse contre les notabilités nouvelles : dépit auquel il faut ajouter la haine de la bourgeoisie contre les notabilités anciennes ; ce sont, dis-je, toutes ces causes diverses qui forment ce faisceau de préventions que l'on voit s'élever de toutes parts contre une institution si nécessaire au maintien du trône et des libertés publiques.

Jamais l'Europe ne comprendra tout ce qu'il y a de corrosif et d'insociable dans la vanité française. Cette faiblesse de l'âme, qui partout ailleurs n'est qu'un léger travers, est, en France, une passion terrible et dévorante : fortune, rang, repos, il n'est rien qu'on ne lui sacrifie. Sous cette apparence de cordialité qui caractérise la nation, toutes les classes, toutes les professions se portent mutuellement la plus profonde haine. Le peuple ne veut plus de la bourgeoisie ; la bourgeoisie ne veut plus de la noblesse ; la noblesse ne veut plus de priviléges ni de distinctions placés ailleurs que chez elle ; et (ce que l'on aura peine à croire), sous l'empire de l'ancienne

Charte, la partie bourgeoise de la chambre des pairs poussait à une révolution, pour faire disparaître la partie noble de la même chambre. Ces simples citoyens que des circonstances en dehors d'eux avaient élevés si haut, et qui auraient dû bénir la restauration et lui dévouer leur vie, frémissaient de voir quelques familles les froisser encore du poids de leur prééminence, et dans l'espoir qu'une royauté nouvelle, sortie comme eux d'une révolution, les placerait au premier rang de la société, ils se sont faits les plus ardens promoteurs du changement de la dynastie.

Mais comme aucun ordre ne peut s'établir au milieu du conflit de toutes ces vanités, la royauté ne doit point tenir compte des répugnances passagères qu'elles ont engendrées. Elle doit espérer au contraire que le peuple reviendra un jour à une plus juste appréciation des avantages d'une pairie héréditaire, et qu'il s'applaudira qu'elle lui ait été conservée.

Je sais tout ce que l'on a dit sur l'impossibilité où s'est trouvée la chambre des pairs de la restauration de se naturaliser en France. Cette chambre, a-t-on prétendu, n'était point un pouvoir réel ; les élémens de force lui manquaient. *Elle n'a rien pu pour le trône.* .

La chambre des pairs n'a rien pu pour le

trône, parce qu'elle n'était pas organisée de manière à pouvoir quelque chose pour lui ; et que, n'ayant d'autres attributions que ses attributions législatives, elle devait se trouver sans force lorsque ses attributions étaient méconnues.

Jamais, a dit lord Wellington, dans la séance du 5 octobre dernier, jamais aucune révolution n'a éclaté en Angleterre, qu'elle n'ait été soutenue par le parlement. On en peut dire autant des révolutions de tous les pays : elles sont toujours faites de complicité avec quelques-uns des pouvoirs établis ; jamais, ou bien rarement, par le peuple seul.

C'est donc moins par les forces matérielles que les corps constitués peuvent déployer contre les factieux, que ces corps aident au maintien de l'ordre existant, que par leur opposition constante à toute révolution.

Or, comme dans les monarchies représentatives, la chambre des députés est le corps constitué dans lequel se trouvent à la fois, et le point d'appui le plus puissant pour les révolutionnaires, et les hommes les plus faciles à entraîner à la révolte, il en résulte que c'est moins par sa propre force qu'une chambre des pairs peut être utile à la royauté, que par l'action qu'elle a sur la chambre des députés, et par conséquent par cette espèce d'empire et d'autorité que son rang, ses richesses et l'éclat de ses dignités lui donnent sur les électeurs.

Et en effet : comment la chambre des pairs d'Angleterre est-elle si forte contre les novateurs ? Ce n'est pas en leur opposant une résistance armée ; c'est par l'influence qu'elle exerce sur la composition de la chambre des députés, et par les sacrifices qu'elle sait faire pour que cette chambre soit toujours formée de citoyens fermement attachés à la constitution du pays.

Et de même en France, si la chambre des pairs eût été liée d'une manière quelconque au système électoral et à la haute administration, la chambre des députés n'eût jamais été composée comme elle l'était lorsqu'elle s'est mise en insurrection contre le trône ; le peuple n'eût point été excité par elle à prendre les armes ; et la révolution de juillet n'aurait point eu lieu. Voilà comment la chambre des pairs pouvait être rendue utile au soutien du trône.

Ces observations nous indiquent sur quelle base la chambre des pairs doit être organisée à l'avenir *afin de pouvoir quelque chose pour la royauté.* Sans doute elle n'aura jamais à lui amener le secours de ses vassaux ; mais elle peut être investie de telles attributions, qu'elle se trouve en état d'empêcher les factieux de s'emparer, contre le trône, de la puissance législative.

Il existe en France de grands noms, de grandes fortunes, de grands talens, de grandes illustrations. Que tous ces élémens soient réunis dans une chambre des pairs héréditaire; que toutes les pairies soient réparties entre les provinces, avec obligation aux pairs d'instituer leurs majorats dans les lieux mêmes où leurs pairies auront été attachées; que les pairs soient nommés présidens héréditaires des grands colléges électoraux et des assemblées provinciales; que les conseils-généraux de département soient aussi présidés par eux; qu'ils résident dans leurs terres; qu'ils se placent en tête de toutes les grandes associations de bienfaisance et d'utilité publique; et la chambre des pairs exercera bientôt sur la nation une influence immense, et deviendra la pierre angulaire de la monarchie.

La cinquième prétention du peuple a pour objet la suppression de l'article 6 de la Charte, qui dispose que la religion catholique, apostolique et romaine est la religion de l'Etat.

Un grand nombre de citoyens voient dans la suppression de cet article un acte de justice envers les différens cultes existans en France; et ils n'y voient pas ce qui devrait cependant frapper les yeux les moins exercés : le germe des plus redoutables calamités. En effet, sans cet article, et sans les devoirs qu'il impose au gouvernement, quel droit le prince a-t-il de présenter les évêques, de leur demander des prières, de veiller à la conservation de la foi, d'intervenir dans la convocation des conciles nationaux, dans la fixation des jours fériés, et dans les réglemens relatifs aux mariages et aux sépultures? Tous ces actes si nécessaires en eux-mêmes, et si naturels de la part d'un gouvernement *légalement catholique* et représentant la masse des fidèles de chaque diocèse, tous ces actes, que sont-ils, sinon une oppression intolérable de la part d'un gouvernement *athée,* qui met au nombre de ses principes l'indifférence absolue en matière de religion?

Le résultat de cette indifférence légale est une des plaies les plus funestes qui puissent affliger une société. C'est une guerre éternelle implantée dans le pays; c'est le pouvoir spirituel remis en présence du pouvoir temporel, c'est le renouvellement de ces prétentions menaçantes que la sagesse de Bossuet et des plus habiles prélats avait si heureusement conciliées. C'est un nouvel Etat dans l'Etat; ce sont enfin des consciences livrées aux plus cruels déchiremens.

Que l'on réfléchisse sur le degré de puissance que pourrait acquérir un jour l'église catholique; cette église, qui exerce déjà tant d'autorité sur les peuples, par la pureté de sa doctrine et l'unité de sa hiérarchie, si, séparée du gouvernement, elle se trouvait libre de choisir ses chefs, d'établir sa discipline, d'instituer ses tribunaux, de fixer le mode de contribution de chaque fidèle aux dépenses du culte, et d'ordonner de l'emploi de ses revenus! Quel énorme poids ne jeterait-elle pas dans la balance des partis; ou plutôt, quel redoutable parti ne constituerait - elle pas elle-même!

Ce danger ne peut être conjuré que par l'intervention du prince dans le gouvernement extérieur de l'église; et cette intervention ne peut elle-même se fonder que sur la reconnaissance positive de la religion catholique comme religion de l'Etat. Sans cette reconnaissance solennelle, les libertés de l'église gallicane, ce chef-d'œuvre de sagesse et de modération de la part du prince et des prélats qui les ont établies, deviennent désormais sans objet. Le prince n'a plus la moindre part à réclamer dans l'exercice de la puissance ecclésiastique; il n'est plus pour les catholiques *l'évêque extérieur;* et rien, hormis le bon sens du peuple, trop souvent corrompu par de fausses doctrines, ne peut empêcher le clergé d'envahir un jour le gouvernement.

La royauté ne saurait donc déférer encore à cette prétention du peuple; et l'article 6 de la Charte doit être textuellement maintenu.

Il en faut dire autant de l'article 16, relatif à l'initiative des lois, exclusivement réservée à la couronne.

Qui mieux que le roi doit connaître les besoins de la société et les lois nouvelles que ces besoins requièrent? Quand la chambre des députés est déjà investie du droit de voter l'impôt, et d'adopter ou de rejeter les lois qui lui sont présentées par la couronne, si la couronne lui livre encore le droit de proposer la loi, elle lui livre l'administration toute entière, et s'éclipse tellement devant la chambre des députés, qu'il ne lui reste plus aucun moyen d'influer sur la direction du gouvernement.

Que les Chambres rejettent une loi proposée par les ministres, l'ordre public n'en est point ébranlé; les choses restent dans l'état où elles se trouvaient, et la société marche comme devant. Mais que la royauté rejette une loi adoptée par les deux Chambres, voilà la royauté en opposition avec la volonté nationale. Aussitôt, quelle perturbation ! Quel désordre ! On est à la veille d'une révolution.

Il y a d'ailleurs trop de vanité, trop de pétulance dans la nation française, pour qu'une pareille attribution puisse être conférée aux Chambres. Bientôt chaque pair, chaque député, pour montrer son *savoir faire* à la France ou à ses commettans, voudrait proposer sa loi. On ne saurait à qui entendre, et les séances des Chambres se consumeraient en examen de propositions de lois plus extravagantes les unes que les autres.

La Charte a suffisamment pourvu, par les articles 19, 20 et 21, au besoin que pourrait éprouver la nation de solliciter l'attention du ministère sur tel ou tel objet particulier. Attribuer l'initiative aux Chambres, c'est porter le désordre dans l'administration ; c'est jeter aux passions du jour un nouvel aliment ; enfin, c'est dégrader la royauté.

Passons maintenant aux modifications qui doivent être apportées à la Charte, dans l'intérêt du trône.

Ces modifications consistent principalement dans l'établissement d'un nouveau système électoral et d'un mode de surveillance de la presse périodique.

Je ne rentrerai pas dans la discussion des principes que j'ai démontré devoir servir de base , dans toute monarchie représentative, à l'organisation des colléges électoraux.

J'ajouterai seulement que, lorsqu'au moyen de la nouvelle organisation administrative ci-dessus exposée, la nation se trouvera investie du pouvoir politique presque tout entier, l'application de ces principes devient plus indispensable encore.

Plus la nation exige de libertés, plus aussi la couronne doit exiger de garanties. Plus les colléges électoraux reçoivent d'attributions, plus il est nécessaire qu'ils soient dévoués à la royauté. C'est un cercle duquel il est impossible de sortir, et qui est tracé par la raison même.

Cherchons donc une organisation électorale qui satisfasse à la fois les besoins du trône et le vœu nouvellement émis par le peuple, de concourir indistinctement avec toutes les autres classes de la société, à la formation de la Chambre des députés.

Ce n'est pas une des circonstances les moins bisarres de ces temps si féconds en évènemens extraordinaires, que cet accord monstrueux des royalistes et des républicains pour demander le suffrage universel.

La société est devenue un mystère tellement

impénétrable, que les uns et les autres attendent des résultats directement contraires des élémens dont elle se compose. Les premiers se persuadent que les masses, placées encore sous l'influence des grands propriétaires, prêteraient leur appui à la royauté; et les seconds se persuadent que ces mêmes masses ont horreur de la royauté, et voteraient pour la république.

Je ne me hasarderai point à prononcer entre des conjectures si opposées et si décisives. Je dirai seulement que les espérances des républicains devraient suffire pour démontrer aux royalistes l'incertitude des résultats qu'ils se promettent du suffrage universel, et l'imprudence qu'il y aurait à s'y confier entièrement.

Examinons néanmoins l'opinion que les royalistes se sont formée de ces résultats, abstraction faite de l'opinion contraire que s'en sont formée les républicains.

Posons d'abord en principe que *les sentimens naturels* du peuple, ses sentimens dégagés de toute influence, doivent incliner plus généralement vers la république que vers la monarchie.

Et en effet, lorsque l'obéissance au prince a cessé d'être un devoir, on ne conçoit plus le motif de la préférence que le peuple porterait à la royauté. La royauté ne peut s'offrir à ses yeux

que comme l'expression de l'ordre et de la su-
bordination, tandis que la république s'y présente
comme le relâchement de toutes ses chaînes. Elle
lui promet une condition moins dure, des salaires
plus élevés, une police moins sévère, des droits
politiques qui l'affranchiront en partie de sa dépendance de ses maîtres, et elle lui montre en
outre, dans un avenir plus ou moins prochain, la
spoliation générale des riches et le partage des
terres. Trouvez un peuple qui résiste à de telles
illusions!

C'est donc seulement à l'aide des grands propriétaires, que le peuple peut devenir un instrument utile à la royauté. Or, dans l'état présent
de la société, sur quoi les royalistes peuvent-ils
asseoir l'influence qu'ils supposent aux grands
propriétaires?

On conçoit une pareille opinion dans un pays
où les grands propriétaires ont l'habitude de vivre sur leurs domaines, et où les lois de succes-
sions sont calculées de manière à maintenir les
biens dans les mêmes familles. Alors, en effet, il
s'établit entre les propriétaires et les habitans
des campagnes des rapports de protection et de
reconnaissance qui peuvent donner lieu de croire
au législateur qu'en faisant descendre le droit
d'élection jusques aux plus pauvres habitans, ils

n'en useront que sous la direction des hommes qui sont à la fois leur appui, leur conseil et leur providence.

Mais un pareil résultat du suffrage universel se peut-il espérer des dispositions du peuple des campagnes, telles que la révolution les a faites?

Dans la plus grande partie de la France, il n'existe plus aucun lien d'affection entre les propriétaires et les habitans des campagnes, parce qu'il n'existe plus de *biens permanens* dans les mêmes familles. Les pères les plus affermis dans leurs opinions monarchiques, osent à peine faire usage de la faculté que la loi leur accorde d'avantager un de leurs enfans; de sorte qu'à l'ouverture de chaque succession, les immeubles qui la composent sont vendus à des étrangers. La famille dépossédée s'éloigne alors du lieu où elle s'était fondée et élevée, emportant avec elle sa vieille influence qui périt entre ses mains. De dix ans en dix ans à peu près, les biens changent ainsi de maîtres; et, par suite de cette mobilité de la propriété, les peuples ont perdu tout respect pour les propriétaires. Les rapports nouveaux qui s'établissent entre les acquéreurs successifs et les habitans du pays, se bornent aux rapports de nécessité, rapports qui, ne laissant aucune trace dans les cœurs, ne peuvent constituer non plus aucune influence. Aussi, le notaire et le vieux jacobin du village ont-ils plus d'empire sur les habitans que le propriétaire le plus riche et le plus éclairé.

Si cet état de choses n'est pas le même partout, il est du moins le plus général, ce qui suffit pour établir que, dans l'état actuel des mœurs et de la législation civile, il y aurait le plus grand danger à fonder le système électoral uniquement sur l'influence présumée des grands propriétaires dans le lieu de leur résidence.

La royauté s'est vue trop souvent déçue dans ses espérances, pour soumettre encore une fois son sort à des probabilités. Il lui faut un système électoral qui lui assure *des résultats infaillibles.* Le peuple ne pourra, dites-vous, se soustraire à l'influence des grands propriétaires! Je le veux; mais, s'il s'y soustrait en effet; si, par quelque cause imprévue, il fait tomber ses choix sur des électeurs républicains, que ferez-vous? Irez-vous porter vos alarmes à l'assemblée républicaine que ces électeurs auront nommée? Irez-vous lui demander une nouvelle loi d'élections, plus en harmonie avec la royauté? Non, sans doute. Que ferez-vous donc? Aurez-vous recours à la force? Rappelez-vous le sort des ordonnances de juillet!

Il suit de ces observations que c'est seulement

dans un système électoral appuyé sur *des inté-réts spéciaux* , c'est-à-dire dans l'établissement d'une vaste *aristocratie nationale,* que la royauté peut espérer une majorité suffisante dans les États-généraux et dans les assemblées provinciales. Hors de cette combinaison, il n'y a pour le trône aucune garantie, et par conséquent, point de monarchie.

Mais comment établir cette aristocratie?

J'entends dire de tous côtés : on ne *crée* pas une aristocratie ; on la reçoit toute faite du temps, et ce n'est qu'ainsi qu'elle peut être utile.

Sans doute : si l'on entend exclusivement par aristocratie, le pouvoir qui résulte en faveur de certaines familles, de leur influence sur le peuple, une pareille aristocratie *ne se fait pas,* parce qu'on n'improvise pas une influence.

Mais si l'on entend par aristocratie le pouvoir qui résulte en faveur de certaines familles de l'attribution de certains droits politiques, une pareille aristocratie *se fait* et même *se défait,* parce qu'il est toujours au pouvoir du gouvernement de constituer ou d'abolir des droits.

L'aristocratie anglaise a réuni jusqu'à ces derniers temps ces deux espèces de pouvoirs distincts : l'un, résultant de son influence sur le peuple, et l'autre, de ses droits de nomination directe au Parlement. Jamais l'on n'eût songé à lui enlever ces derniers droits, si l'on n'eût espéré qu'au moyen de son influence sur le peuple, elle demeurerait encore maîtresse des élections.

Mais en France, où les grands propriétaires n'ont conservé aucune influence, ou ne possédent du moins qu'une influence douteuse sur les classes inférieures, il est absolument nécessaire, pour la sûreté du trône, qu'ils soient investis de priviléges politiques capables de leur assurer la majorité des nominations à la Chambre des députés.

Je propose donc d'établir dans chaque département trois différentes espèces de colléges électoraux; savoir: ceux de la grande, de la moyenne et de la petite propriété.

Les colléges de la grande propriété seraient composés:

1°. Des citoyens admis par le roi à instituer *des majorats de première classe,* au nombre de cent vingt à deux cents, suivant la population du département;

Et 2° des fonctionnaires publics ci-après désignés, ayant leur domicile politique dans le département; savoir:

Les lieutenans-généraux et amiraux en activité de service.

Les conseillers-d'Etat en service ordinaire.

Les grands officiers et grands'croix de la Légion-d'Honneur et des autres ordres royaux.

Enfin, des vingt propriétaires les plus imposés du département, autres que ceux admis à fonder des majorats (1).

Les colléges de la moyenne propriété seraient composés :

1° Des citoyens admis par le roi à constituer *des majorats de deuxième classe,* au nombre de deux à trois cents;

Et 2° des fonctionnaires ci-après désignés, ayant leur domicile politique dans le département; savoir :

Les maréchaux-de-camp, les contre-amiraux, les colonels et les capitaines de vaisseau, en activité de service;

Les présidens et vice-présidens des tribunaux de première instance (2);

Les officiers de la Légion-d'Honneur et des autres ordres royaux;

(1) On ne comprend pas, dans ces adjonctions, les membres des Cours ni des universités, parce qu'ils auront leur représentation particulière.

(2) Les tribunaux de première instance ne devant point participer à la représentation de la magistrature, il est juste de les faire concourir à la composition des Etats-Généraux, en les comprenant dans les adjonctions.

Enfin, des quarante propriétaires le plus imposés du département, après les vingt admis dans
les grands colléges.

Les colléges de la petite propriété seraient
composés :

1° De tous les électeurs nommés par les assemblées primaires, à raison d'un électeur par deux
cents habitans ;

2° Des juges des tribunaux de première instance ;
Et 3° des chevaliers de la Légion-d'Honneur.

Encore des majorats! va-t-on s'écrier de toutes
parts. Toujours des majorats! N'y a-t-il donc de
salut que dans des majorats?

Oui, sans doute, esprits rebelles à la raison,
hommes de préjugés et d'orgueil! Oui, sans doute :
dans tout mode de gouvernement où le peuple est
appelé à prendre part au gouvernement de l'E-
tat, il n'y a de salut, pour l'ordre public et pour
la propriété, que dans l'établissement d'électeurs
héréditaires, parce qu'il n'y a de salut pour l'ordre public et la propriété que dans de sages élections. Or, point de sages élections sans influences
locales; point d'influences locales sans anciennes
familles; point d'anciennes familles *sans majorats*. Voilà des vérités positives, des vérités fécondes, des vérités pleines de substance et de vie.
Ce n'est point là du vent et de la fumée comme

toutes vos doctrines. C'est de la paix. de l'ordre et de la liberté.

Mais poursuivons.

Les députés aux Etats-Généraux, attribués à la propriété foncière, les membres des assemblées provinciales et les membres des conseils-généraux de chaque département,

Seraient nommés *par tiers* par chacun de ces trois colléges.

Les cinq-sixièmes du nombre total des députés aux Etats-Généraux seraient attribués à la propriété foncière, et nommés conséquemment par les colléges électoraux dans la proportion ci-dessus énoncée. Le dernier sixième serait réparti entre la magistrature, l'Université et le commerce. Un député serait aussi attribué à chacune des académies composant l'Institut de France.

Les colléges de la grande propriété seraient présidés *héréditairement* par un pair de France nommé par le roi. Les colléges de la moyenne et de la petite propriété seraient présidés, aussi *héréditairement,* par un des membres du grand collége admis à constituer un majorat de première classe, et aussi nommé par le roi.

La liste générale des jurés de chaque département serait composée de la totalité des électeurs des trois colléges.

La liste de chaque session et la liste de chaque affaire seraient chacune composée *par tiers,* d'électeurs du grand, du moyen et du petit collége.

Développons maintenant, avec franchise, tout le mécanisme de ce système.

Je ne dissimulerai point sa tendance monarchique, puisque c'est précisément par cette tendance qu'il se recommande aux partisans sincères de la monarchie représentative.

Le problème à résoudre, pour concilier le pouvoir et la liberté, consiste, d'une part, à faire concourir tous les citoyens indistinctement à la nomination des membres des Etats-Généraux et des assemblées provinciales, et, d'autre part, à donner à la royauté les garanties nécessaires au maintien de ses prérogatives.

Ce problème ne peut être résolu que par un système électoral qui, tout en satisfaisant aux prétentions du peuple, amène néanmoins, aux Etats-Généraux et aux assemblées provinciales, une majorité constamment royaliste.

Et tel est le résultat du système proposé, par suite duquel, en même temps que le peuple, le vrai peuple est investi d'une coopération réelle à l'exercice de la puissance législative, administrative et judiciaire, la royauté se trouve cependant à l'abri de sa mobilité et de ses préventions.

Je ne retracerai point ici les nombreux avan- tages des électorats héréditaires, avantages déjà développés dans mes précédens écrits; je ferai seulement remarquer que ces électorats, contre lesquels on s'est élevé avec tant d'amertume, ne sont que la copie, malheureusement bien pâle, de l'influence et des priviléges électoraux qui appartiennent *héréditairement* à l'aristocratie anglaise, et qui seuls font de cette Constitution un gouvernement possible. Ce système d'électo- rats n'est donc pas, comme on l'a cru, une con- ception nouvelle; c'est une institution dont l'ex- périence a proclamé les avantages, et qui se re- commande à la méditation des hommes d'Etat par tous les services que, depuis si long-temps, elle rend à la liberté.

On ne doit pas oublier que, dans le système proposé, tous les citoyens sont admis à fonder des majorats d'expectative dont les propriétaires devront remplacer un jour les familles électo- rales qui viendraient à s'éteindre; et qu'en outre le roi aura, à sa nomination, un certain nombre d'électorats héréditaires pour récompenser les services rendus à l'Etat, de manière que tous les citoyens qui se distingueraient par leurs talens, leur courage et leur dévouement; de même que ceux qui s'élèveraient par leur travail et leur industrie, seraient appelés à entrer dans les corps privilégiés.

A l'égard des présidences héréditaires accordées à certains membres de la Chambre des pairs, elles ont principalement pour objet, non de satisfaire la vanité de quelques familles, mais de mettre la Chambre des pairs en état de remplir sa destination dans la machine du gouvernement, en lui créant une puissance particulière qui serve d'appui à sa puissance législative, laquelle sans cela ne serait qu'une puissance sans force et sans autorité.

Enfin, la noblesse ne serait plus désormais qu'*une haute magistrature;* et tout titre qui ne se rattacherait pas à une pairie ou à un électorat héréditaire, et qui par conséquent ne serait pas l'expression d'une fonction politique, serait supprimé.

Je n'ose me livrer à toutes les espérances que renferme un pareil système. Quelle harmonie dans toutes les parties du gouvernement! Quelle sécurité pour les droits du prince et pour les droits désormais si étendus du peuple! Quel heureux concours de toutes les forces existantes dans l'État, au maintien de l'ordre établi! Députés, administrateurs, jurés, tous sortent immédiatement du peuple, ou du moins des diverses classes de la nation, et en même temps députés, administrateurs et jurés sont intéressés au maintien du trône, et disposés à le défendre dans le cercle respectif de leurs attributions.

Veut-on prendre le système par la base ?

Les habitans de chaque commune nomment eux-mêmes leurs administrateurs particuliers, et concourent à la nomination de leurs maires et de leurs adjoints.

Ils concourent en outre, avec les différentes autres classes de la nation, à la nomination des membres des États-Généraux, des membres des assemblées provinciales, des membres du conseil-général de département et des membres du jury. Voilà certes des droits d'une haute importance, et tels qu'aucun peuple n'en a peut-être possédé de semblables.

Veut-on prendre le système par le sommet ?

Le roi est, il est vrai, dépouillé de la puissance législative et administrative, et de la plus importante partie de la puissance judiciaire. Mais aussi il trouve, dans l'organisation particulière des colléges électoraux, une assurance certaine que la chambre des communes, les assemblées provinciales, les colléges-généraux de département et les jurys seront toujours composés en majorité de citoyens dévoués au trône. Il trouve enfin, dans la nomination aux présidences héréditaires, le moyen d'exercer une influence sur la Chambre des pairs, à laquelle à son tour ces mêmes présidences donneront une grande influence sur la nation et sur la Chambre des députés. La royauté n'a donc plus rien à craindre des puissances législative, administrative et judiciaire, quelqu'indépendantes que soient ces trois puissances de son autorité directe. Elle est tranquille ; elle est affermie ; elle est forte et honorée ; elle n'a rien à désirer que le maintien de ce qui est.

Mais les mœurs du siècle ! mais cette soif d'égalité dont chacun est dévoré ! mais la haine du privilége ! mais les droits du plus grand nombre ! avez-vous oublié tout cela ?

Non ; je connais comme vous les misères de notre âge ; mais je ne sais pas flatter des passions dont il ne peut sortir que l'anarchie.

Que nous sommes un étrange peuple ! Nous embrassons tous les systèmes, et n'osons adopter les conséquences de pas un d'eux. Un jour, nous faisons un roi, et nous le laissons sans pouvoir, livré à la merci du peuple ! Un autre jour, nous proclamons la souveraineté du peuple, et nous refusons de conférer au peuple aucun droit de suffrage, et nous trouvons mauvais qu'un citoyen proclame qu'il ne veut plus du gouvernement établi ! Et cependant nous sommes un peuple rempli de raison et de jugement, un peuple sensible à la vérité, et mal à l'aise dans le faux! Comment se fait-il donc que nous usions toute notre énergie dans des systèmes bâtards dans lesquels il nous est impossible de trouver jamais le repos? Pourquoi vouloir allier des choses qui se repoussent l'une l'autre : la monarchie et la république! Est-ce là le fait d'un peuple ferme et courageux?

Encore une fois, décidons-nous, choisissons; et notre choix fait, soyons franchement royalistes ou républicains.

Si l'égalité est devenue pour nous une nécessité indispensable, si nous nous obstinons à croire que, derrière les premiers malheurs que sa conquête doit entraîner, nous devons enfin trouver le bonheur et la liberté, eh bien! sacrifions encore la génération présente au bonheur des générations futures, tuons, massacrons et proclamons la république. Mais si l'expérience et le bon sens nous disent que, derrière ces premiers malheurs, il n'y a que des malheurs sans fin; si nous sommes forcés de reconnaître que, dans la royauté seule, nous pouvons trouver la paix et la stabilité, ne rougissons point de revenir sur nos pas, de sortir des fausses voies où nos passions nous ont engagés, et faisons, pour la monarchie, des institutions monarchiques.

Finissons par les règles à établir à l'égard de la presse périodique.

Nous avons démontré plus haut l'impossibilité de fonder aucun gouvernement durable avec la liberté illimitée de la presse périodique. Ce mode de publication doit donc être soumis à un mode de surveillance sévère.

On ne peut plus nous en imposer aujourd'hui sur toutes ces prétendues libertés révolutionnaires dont on nous a fait de si séduisantes images. Nous les avons vues en action, et nous savons que penser de leurs résultats. Qu'ont-elles produit dans leur ensemble ? et qu'a produit en particulier cette liberté de la presse périodique, si nécessaire, disait-on, au maintien de la Charte et aux progrès de la société ? Elle a renversé la Charte et jeté l'Europe dans un tel désordre, qu'il n'y a plus nulle part de principes certains en matière de gouvernement, ni bientôt plus en morale ni en religion.

Mais c'est en France surtout que la presse périodique doit être l'objet de la plus active sollicitude de la part du gouvernement, parce qu'il n'y a pas un pays au monde plus exposé à ses ravages.

Rempli d'une confiance inébranlable dans les ressources de son génie et dans la fécondité de son sol, le **Français** joue avec la fortune comme un enfant avec ses hochets. Une trop longue prospérité lui pèse ; et fatigué de l'ordre comme d'une souffrance, il s'amuse à être malheureux. Il se jette alors sur ses institutions, sur ses arts, sur ses monumens; il brise tout, il détruit tout, et s'assied ensuite en riant sur les ruines qu'il a faites, sachant qu'il n'a qu'à frapper du pied pour faire jaillir de son sol de nouvelles sources de prospérité.

Sur un peuple aussi prodigue de sa vie, de son bonheur et de son repos, la presse périodique ne peut produire que les plus déplorables effets. Elle allume dans son sang une fièvre perpétuelle, et le rend en même temps la proie des novateurs les plus insensés et la terreur du monde entier.

Sans doute il est de l'essence de la monarchie représentative que les actes du gouvernement puissent être publiquement discutés; mais il ne faut pas qu'il soit permis à une poignée d'hommes, tourmentés de leur obscurité, de soulever chaque jour les peuples contre les principes du gouvernement établi, contre les droits acquis, contre la propriété, contre la religion, contre la morale publique.

Cependant, à qui confier, dans ces besoins opposés et également impérieux de l'ordre et de la liberté, la surveillance de la presse périodique? Évidemment à un corps qui soit à la fois indépendant du gouvernement, et pourtant attaché, par son intérêt personnel, au maintien de l'état de choses existant.

La magistrature, placée par son inamovibilité hors de la portée du pouvoir, comme elle l'est, par son rang, hors de l'influence des passions jalouses qui dévorent la classe moyenne, la magistrature réunirait toutes les conditions nécessaires à la surveillance de la presse périodique. Mais je pense qu'il serait plus conforme encore aux principes de la monarchie représentative, de lier cette surveillance au système électoral, et de la mettre entre les mains de commissions particulières, périodiquement renouvelées, et nommées, *par tiers,* par chacun des trois colléges électoraux, lesquelles se trouveraient ainsi revêtues d'une empreinte nationale dont on ne saurait trop apprécier les avantages dans une matière aussi délicate.

Ces commissions, que l'on pourrait appeler *grands jurys départementaux,* seraient présidées par un pair de France nommé par le roi, et pourraient être aussi chargées de la police des théâtres et du maintien *de la liberté d'association et de la liberté d'enseignement.*

En conséquence, elles seraient autorisées à interdire la représentation de toute pièce de théâtre contraire aux bonnes mœurs, ou de nature à troubler la paix publique; et elles seraient investies du droit d'ordonner, sur la requête du gouvernement, la dissolution des associations, et la clôture des maisons d'enseignement dont les principes leur paraîtraient en opposition avec ceux du gouvernement ou avec ceux de la saine morale.

Entrons maintenant dans des considérations d'un autre ordre.

« Il n'y a point de Charte, a dit M. Sauzet « dans sa belle défense de M. de Chantelauze; « il n'y a point de Charte sans article 14. Quand « cet article ne s'y trouve pas, la nécessité peut « l'y mettre. La nécessité est l'interprétation vi- « vante du besoin social. La société ne peut se « soustraire à l'empire de la nécessité. Elle ne « peut se commander à elle-même le suicide. »

M. Sauzet a raison. Lorsque, par des conséquences qui ont échappé à la prévision du législateur, la guerre s'est introduite dans le sein même de la souveraineté, et que les différens pouvoirs qui la composent n'ont plus de pensée commune sur rien, alors il est évident que la Constitution ne peut plus opérer *l'œuvre du gouvernement,* et que l'Etat va tomber en dissolution, si *quelque mesure extraordinaire* ne fait disparaître les contradictions existantes dans l'organisation de la souveraineté.

Avec le système électoral proposé, sans doute on n'aurait point à craindre une pareille mésintelligence entre le roi et les Chambres; et le mouvement régulier de la machine politique serait assuré, autant que quelque chose puisse être assuré ici bas. Mais puisque les institutions les plus sages doivent à la fin céder à la constante inconstance de l'homme, il faut prévoir le cas où, par un des effets de cette fièvre de nouveauté qui s'empare quelquefois de tout un peuple, quelques-unes des institutions fondamentales de la monarchie seraient renversées par un acte de la puissance législative; ainsi que nous voyons les bourgs-pourris près de l'être aujourd'hui en Angleterre. Aux institutions abolies, succéderaient alors des institutions plus ou moins hostiles à la royauté, lesquelles amèneraient nécessairement une crise où le trône menacé ne trouverait plus de salut que dans le retour aux vrais principes de la monarchie représentative. Et, dans cette hypothèse, comment obtenir d'une Chambre des communes créée sous l'empire des institutions nouvelles, le changement de ces institutions? Ce sérait chose impossible. De telle sorte que le prince n'aurait bientôt plus à choisir qu'entre une retraite honteuse et des mesures de salut public dans lesquelles *la légalité* se trouverait contre lui.

Pour éviter cette déplorable alternative, il serait bon que la Charte elle-même donnât à la couronne le moyen de raffermir son autorité.

Je sais bien que si le peuple est en effet saisi du démon des révolutions, ce ne seront pas quelques mots écrits dans une Charte qui parviendront à l'arrêter. Mais ces mots placeront la légalité du côté de la couronne; et la légalité est une force réelle dont il est important qu'elle soit armée dans un moment aussi critique. Qui sait ce que serait devenue la révolution de juillet, si l'article 14 de la Charte eût été rédigé en termes plus précis, et si les ennemis de la légitimité n'avaient pas trouvé, dans l'ambiguité de cet article, un prétexte spécieux pour imputer au roi une prétendue violation de la Charte?

Je voudrais donc qu'il fût dit expressément dans la Charte nouvelle, que toutes les fois que *la sûreté de l'État aurait été déclarée compromise,* par un avis motivé et signé d'un nombre déterminé de pairs et de députés, réuni à la majorité des ministres, le roi serait autorisé à convoquer une Assemblée nationale pour aviser aux mesures à prendre. Cette assemblée se composerait de la Chambre des pairs, réunie à une Chambre des députés convoquée *ad hoc* dans les formes ordinaires.

Rassemblons maintenant, sous un seul cadre, les diverses modifications à la Charte de 1814, que nous proposons à la couronne de présenter à l'assentiment de la nation.

D'abord : *nation* représentée par une Assemblée nationale, composée, *pour un tiers,* des députés nommés par des électeurs, nommés eux-mêmes par les Assemblées primaires.

Et, pour *les deux autres tiers,* d'un nombre déterminé de pairs, nommé par la Chambre des pairs; des grandes notabilités militaires et judiciaires, et des propriétaires les plus imposés de chaque département.

La nation, ainsi représentée, appelée à faire la Charte nouvelle conjointement avec le roi.

Et ensuite : *Charte* reposant sur les bases suivantes; savoir :

Chambre des pairs héréditaire, liée à toutes les grandes institutions nationales :

1° Par les pairies, réparties entre tous les départemens;

2° Par des pairs, présidant *héréditairement*

les colléges électoraux de la grande propriété et les assemb'ées provinciales;

3° Par des pairs, présidant *non héréditaire-ment* les conseils-généraux de département et les grands jurys départementaux.

Chambre des communes, dont un sixième des membres est attribué à la magistrature, à l'université, au commerce et à l'institut, et dont les cinq autres sixièmes sont attribués à la propriété territoriale, et nommés, savoir :

Un tiers *par les colléges de la grande* propriété, composés des *électeurs héréditaires de première classe* de chaque département, des hauts fonctionnaires civils et militaires du département, et des vingt plus imposés du département.

Un tiers *par les colléges de la moyenne propriété,* composés *des électeurs héréditaires de seconde classe de chaque* département, des fonctionnaires civils et militaires du second rang du département, et des quarante plus imposés des départemens, après les vingt premiers.

Un tiers *par les colléges de la petite propriété,* composés *des électeurs nommés par les Assemblées primaires,* et des fonctionnaires civils et militaires de troisième rang du département.

Enfin, *Assemblée nationale,* appelée à statuer dans tous les cas *où la sûreté de l'Etat aurait été déclarée compromise;* laquelle assemblée serait composée de la Chambre des pairs réunie à une Chambre des députés, convoquée *ad hoc,* dans les formes ordinaires.

Administration du royaume, organisée par *provinces,* administrées chacune :

1°. Par un intendant nommé par le roi;

2°. Par une *Assemblée provinciale,* dont les membres seraient nommés *par tiers* par chacun des trois colléges électoraux.

Par *départemens,* administrés chacun :

1° Par un sous-intendant nommé par le roi, sur une liste de candidats, à lui présentée par l'Assemblée provinciale;

2° Par *un conseil-général de département,* dont les membres seraient nommés *par tiers* par chacun des trois colléges électoraux;

3° Par un *grand jury départemental,* dont les membres seraient aussi nommés *par tiers* par chacun des trois colléges électoraux, et qui serait chargé de la surveillance de la presse périodique, de la police des théâtres, et du maintien *de la liberté d'association* et *de la liberté d'enseignement.*

Par *cantons,* administrés chacun :

1° Par un juge de paix et ses assesseurs, nommés par le roi, sur une liste à lui présentée par le conseil-général du département;

2° Par un conseil de canton, nommé par les membres des conseils municipaux des communes composant le canton.

Par *communes,* administrées chacune :

1° Par un maire et ses adjoints, nommés par le roi parmi les membres du conseil municipal;

2° Par un conseil municipal, nommé par tous les habitans de la commune, âgés de *vingt-un ans, et inscrits au rôle des contributions directes* (1).

Telles sont les principales bases sur lesquelles doit être établie la monarchie représentative, si l'on veut qu'elle constitue un gouvernement durable.

La Charte de 1814 prêterait encore à beaucoup d'autres observations (2); mais ces observations sont trop secondaires pour trouver place dans un ouvrage spécialement destiné à établir

(1) *Voir* le tableau synoptique placé à la fin de cet ouvrage.

(2) Cette Charte n'a rien statué ni sur la succession à la couronne, ni sur l'époque de la majorité du roi, ni sur la régence, ni sur le mariage des princes, ni sur le cas d'extinction de la famille royale.

des théories. Celles que je viens de développer trouveront sans doute une résistance obstinée dans les préjugés d'un siècle infatué d'une égalité impossible à réaliser. Je n'hésite cependant point à dire que ces théories seront certainement adoptées un jour, parce qu'elles sont les seules qui puissent s'allier avec la royauté. Hors de là, il n'y a plus que le despotisme ou la république.

Tous les systèmes sont usés en France. Nous les avons vu tomber les uns après les autres par les excès qu'ils ont entraînés ou par leur impuissance à établir l'ordre. Il ne nous reste plus qu'Henri V : seule force politique, libre de tout engagement antérieur et de toute alliance de partis. Tout avec lui peut se fonder sur la raison, sur la vérité, sur l'intérêt général du pays. Mais si nous flétrissons d'avance cette jeune fleur; si, après avoir tout avili, nous avilissons encore la légitimité; si nous l'enchaînons, comme en 1814, à des institutions mort-nées, alors, c'en est fait de la France; elle est livrée pour des siècles à tous les genres de désastres.

S'il nous est permis de compter sur la protection spéciale de la Providence, c'est surtout en voyant avec quelle tendre sollicitude elle a soustrait Henri V à la honteuse couronne que la révolution lui préparait. Par où l'ordre pourrait-il se rétablir, si l'autorité d'Henri V eût légitimé les attentats commis depuis quinze mois contre la royauté? Mais, grâces au Ciel, ces attentats ne sont pas irréparables. Le trésor de la légitimité s'est conservé intact dans la retraite sacrée où la Providence l'a placé. Il est là toujours prêt à cicatriser toutes nos plaies.

Mais comment la nation sera-t-elle ramenée dans la véritable voie de la monarchie représentative?

Rousseau dit avec raison (1):

« Les sages qui veulent parler au vulgaire leur « langage au lieu du sien, n'en sauraient être « entendus. Or, il y a mille sortes d'idées qu'il « est impossible de traduire dans la langue du « peuple. Les vues trop générales et les objets « trop éloignés sont également hors de sa portée; « chaque individu ne goûtant d'autre plan de « gouvernement que celui qui se rapporte à son « intérêt particulier, aperçoit difficilement les « avantages qu'il doit retirer des privations con- « tinuelles qu'imposent les bonnes lois. Pour « qu'un peuple naissant pût goûter les saines « maximes de la politique et suivre les règles « fondamentales de la raison d'Etat, il faudrait

______

(1) *Contrat social,* liv. 2, chap. 7.

« que l'effet pût devenir la cause, et que l'*esprit*
« *social, qui doit être l'ouvrage de l'institution,*
« *présidât à l'institution même, et que les*
« *hommes fussent avant les lois ce qu'ils doi-*
« *vent devenir par elles.* »

C'est ainsi qu'il faudrait que l'*esprit aristocra-*
tique, qui doit être l'*ouvrage* de la monarchie
représentative, *présidât* aux institutions fondamentales de cette monarchie même, pour que
ces institutions fussent en effet de nature à satisfaire aux besoins des différens pouvoirs établis
par cette forme de gouvernement.

Or, comment créer cet esprit aristocratique,
véritable vie de la monarchie représentative,
lorsque la nation est livrée tout entière au démon de l'égalité, et que ses citoyens les plus
éclairés sont eux-mêmes *peuple* sur ce point?

Je ne dis plus qu'un mot. Si la fureur d'égalité
qui s'est emparée des esprits continue à s'opposer
à l'établissement de tout privilége politique, il
ne reste plus de ressource à la royauté que dans
un mode de gouvernement qui fasse au roi et à
la nation leur part d'autorité bien distincte, et
qui les établisse dans un état d'indépendance réciproque, relativement à l'exercice de leurs droits.
Voici alors quelle sera la Constitution de la France.

La France sera divisée en provinces, ayant

chacune une assemblée provinciale dont les membres seront nommés par les électeurs nommés eux-mêmes par les assemblées primaires.

Les divers projets de loi préparés par le gouvernement, seront portés à l'examen de chacune de ces assemblées, et sur leurs observations, ils seront amendés par la couronne, et renvoyés, ainsi amendés, aux assemblées provinciales, qui n'auront plus qu'à les adopter ou à les rejeter.

Les projets adoptés par la majorité des assemblées provinciales, deviendront lois de l'Etat.

A certaines époques déterminées, les Etats-Généraux composés de députés des assemblées provinciales, seront convoqués par le roi dans tel lieu qu'il lui plaira d'indiquer.

Le budget sera divisé en deux parties :

Le *budget fixe*, qui comprendra la liste civile, la dette publique, les pensions et les dépenses indispensables de l'armée, de la marine, du clergé, de la magistrature et de l'administration ;

Et le *budget variable*, qui comprendra les dépenses variables de l'armée, de la marine et des ponts-et-chaussées.

Le budget fixe sera voté, pour toute la durée du règne, par les premiers Etats-Généraux convoqués après l'avènement du roi ; et le budget

variable sera voté par les Etats-Généraux subsé-
quens, pour tout l'intervalle d'une session à une
autre.

Les Etats-Généraux entendront, en outre, les
comptes des années écoulées depuis leur dernière
convocation, statueront de concert avec le roi sur
les cessions ou les échanges de territoire, sur les
questions relatives à la régence et à la succession
à la couronne, ainsi que sur les modifications
qui pourraient être jugées nécessaires aux lois
constitutives de la monarchie.

Pendant leur session, il sera loisible à la couronne de leur présenter les lois qu'elle croirait
devoir soumettre à leur approbation.

Par ce moyen, la royauté ne se verrait plus
jamais en présence d'une assemblée législative
ayant droit de mettre à la concession de l'impôt
les conditions les plus dures, et souvent les plus
hostiles aux prérogatives du trône; et, en cas
d'opposition de certaines provinces à la marche
du gouvernement, elle pourrait trouver appui
dans les autres.

Mais combien ce système serait moins favorable que celui que j'ai développé, à l'influence
de la nation sur la marche générale des affaires!
Combien il restreindrait son droit de surveiller
l'emploi des deniers publics, son droit de solli-

citer les améliorations révélées par les besoins de chaque jour, son droit de porter aux pieds du trône les griefs des citoyens! Pénétrés des avantages du mode de gouvernement établi par la Charte de 1814, ne voudrons-nous jamais en accepter les conditions?

Long-temps j'ai cru les principes que je viens de développer d'une évidence si incontestable, que j'étais persuadé qu'il suffisait de les exposer avec clarté et bonne foi pour y rallier toutes les opinions.

Je voyais le peuple français renommé entre tous les autres pour la rectitude de son esprit, et je me disais : Que faut-il pour entraîner un tel peuple après soi? Lui parler avec conscience et lui montrer la vérité.

Combien je me suis abusé! combien j'ai trop présumé de la France! Ah! je le vois avec douleur : comme toutes les autres nations du monde, la France est faite pour être trompée!

C'est l'erreur des âmes honnêtes d'attaquer corps à corps les préjugés de leur siècle. On n'en triomphe que par la ruse.

De quelque côté que je jette les yeux, je ne vois de succès que par le mensonge.

Quelle vive haine j'ai long-temps portée à Buonaparte pour sa profonde hypocrisie! Aujourd'hui je l'admire par les endroits mêmes qui me l'avaient fait détester.

Si, lorsqu'après ses premières victoires, et après être devenu l'idole de la France et l'admiration de l'Europe, il conçut l'audacieux projet de relever le trône et de s'y asseoir, si, dis-je, il eût alors laissé jaillir sa pensée, et déclaré que la France ne retrouverait la paix intérieure que par le rétablissement de la monarchie, c'en était fait de sa destinée. Cette destinée si grande avortait sous les haines ardentes qu'il eût soulevées de toutes parts. Mais il sut dissimuler, mentir, se parjurer; et il devint le maître du monde.

Rétablis sur le trône de leurs pères, moins par suite du respect conservé pour leurs anciens droits que dans l'intérêt de la France, les Bourbons devaient s'y croire affermis à jamais. Comment est-on parvenu à les en faire descendre une seconde fois? Par l'effet d'une longue imposture. Les révolutionnaires nous l'ont dit : ils ont joué la comédie pendant quinze ans.

Voyez avec quelle fourberie la dernière révolution a été détournée de son but, et comme les doctrinaires se sont joués de la crédulité du peuple! C'était pour établir sa souveraineté que le peuple avait renversé le trône. Que font les doctrinaires? Ils s'empressent d'applaudir à ces gé-

néreux sentimens. Oui, braves citoyens! s'é-
crient - ils; héros des barricades! soldats de la
liberté! Oui, c'est *par le peuple et pour le
peuple* que tout doit être fait désormais. Il est
la source de tout pouvoir, de tout droit, de toute
justice. Et les voilà appelant *glorieuses* les journées où tout ordre a été renversé; les voilà arbo-
rant sur tous les monumens publics le drapeau
de la souveraineté nationale; et en même temps
ils imposent au peuple une Constitution qu'*il n'a
point consentie, un roi qu'il n'a point élu,*
un système électoral *qui l'exclut de toute participation à l'élection de ses députés.*

L'art de tromper est devenu la vraie science
du gouvernement. C'est, dans ce siècle de lumières
et de progrès, la plus juste mesure de la capacité
d'un homme d'Etat, le seul moyen de succès
que les ministres aient entre les mains. En faut-il
encore une preuve?

Comment a-t-on échappé à cette crise si menaçante qu'avait fait naître le procès des ministres?

Leur innocence avait été portée au plus haut
degré d'évidence. Il demeurait constant pour
tous qu'une vaste conspiration avait été tramée
contre la branche régnante; que le foyer de cette
conspiration résidait dans les colléges électoraux,
et que la presse périodique en était le plus re-

doutable instrument. Il résultait de tous ces faits qu'il n'y avait de salut pour le trône que dans le rétablissement momentané de la censure, et surtout dans le changement de la loi des élections.

Cependant, que serait-il arrivé si la Chambre des pairs eût osé être *vraie*, et reconnaître solennellement que le danger de la couronne justifiait l'usage qu'elle avait fait *du droit* établi par l'art. 14 de la Charte? Accusés, pairs, députés, nouveau roi, nouveaux ministres, tous pouvaient tomber à l'instant même victimes de la fureur du peuple. Un heureux mensonge a tout sauvé. Le fait imputé aux ministres de Charles X, *quoique non déclaré crime par la loi,* est constitué tel par l'autorité de la Chambre des pairs. *Une peine arbitraire* est appliquée aux accusés. Et ce même peuple qui, *s'il eût été jugé digne de la vérité,* se serait porté à d'affreux excès, *trompé par une grossière imposture,* s'est laissé arracher sa proie.

Après de si tristes exemples qui nous montrent le peuple éternellement destiné à servir de pâture à la ruse et au mensonge, comment croire que l'on parvienne jamais, par la seule force de la raison, à détruire les préjugés du siècle, et à convaincre la France que tout gouvernement est impossible avec des journaux qui s'étudient chaque jour à avilir le pouvoir; avec des associations formées *en défiance de ses actes;* avec un corps électoral *sans intérêt commun avec lui?*

Non, ces vérités sévères ne seront jamais accueillies par le peuple; et toujours, au contraire, il se raidira contre les sacrifices qu'elles exigent. Mais comme il faut enfin que le désordre finisse, et que les libertés publiques soient subordonnées aux besoins réels du gouvernement, et restreintes aux besoins réels des peuples, il faudra aussi que, de ce chaos dans lequel nous sommes plongés, s'élève un jour quelque grand homme d'Etat, c'est-à-dire *quelque grand imposteur,* qui, tout en se déclarant le plus intrépide défenseur des droits du peuple, parvienne à les rendre inutiles entre ses mains.

Cet homme se fera républicain pour étouffer l'esprit républicain; athée pour relever les autels; enthousiaste de l'égalité pour rétablir l'aristocratie; zélé partisan de la liberté de la presse pour la soumettre à une stricte surveillance. Cela fait, il sera adoré du peuple; et s'il meurt sur une terre étrangère, *les républicains* iront chercher ses cendres, et les placeront sous une colonne, au milieu de la plus belle place de Paris.

Et la morale, direz-vous, doit-elle donc être foulée aux pieds? Oui, la morale doit être foulée aux pieds; mais c'est vous qui l'aurez voulu. Quand les choses en sont venues à ce point, qu'un ministre (lord Grey) en est réduit à dire en plein parlement : *Vos seigneuries doivent adopter le bill, ou s'attendre à quelque chose de pis,* toute liberté, et par conséquent toute loyauté est bannie de la politique.

L'indocilité des peuples a rendu désormais la probité impossible en matière de gouvernement. Les peuples ont élevé un autel au mensonge. Qu'ils adorent le dieu qu'ils ont créé, lui seul peut les empêcher de se dévorer.

Quant à moi, simple citoyen, qui n'ai, Dieu merci, aucune part au pouvoir, ni par conséquent aucun besoin de feindre, je continuerai à développer, dans leur effrayante vérité, les résultats prochains des doctrines du jour.

J'ai dit que le principe d'égalité introduit dans la loi d'élections de 1817, renverserait le trône, la pairie, la noblesse et les grands colléges; et le trône, la pairie, la noblesse et les grands colléges ont été renversés.

J'ai dit que le même principe mettant le peuple en présence des classes moyennes, ces classes seraient à leur tour dévorées par le peuple; et déjà le peuple *est à leur porte, et demande sa proie.*

Un dernier moment, un jour de répit est encore accordé à la bourgeoisie pour revenir au principe de l'ordre et de la prospérité. Un moment! Qu'elle y songe! ce moment passé, *celui de la justice divine arrivera.*

Ah! si l'on voulait s'entendre, combien la révolution de juillet pourrait devenir véritablement *glorieuse* aux yeux de tous les partis! Quels hauts enseignemens elle nous a donnés! quelle large voie elle a ouverte à toutes les améliorations!

Sans ce triomphe passager des révolutionnaires, sans l'ivresse qu'ils y ont puisée, qui saurait tout ce qu'il y a d'anarchie et de sang au fond de leurs doctrines? Voyez, de systèmes en systèmes, d'exigences en exigences, à quel point ils sont arrivés, et ce qu'ils entendent aujourd'hui par *la liberté!* Ce n'est plus seulement, comme en 1789 et en 1814, l'égalité des citoyens devant la loi, l'égale répartition des impôts, l'admissibilité des citoyens à tous les emplois, la liberté de conscience. la liberté individuelle, la libre discussion des actes de l'administration; enfin la coopération de la nation à la formation de la loi et à l'établissement de l'impôt. Tous ces droits, regardés autrefois comme formant la plus grande somme de liberté compatible avec l'ordre social, sont déjà bien au-dessous des prétentions des révolutionnaires. Ce qu'ils veulent aujour-d'hui, c'est *la souveraineté du peuple,* c'est-à-dire la déclaration solennelle qu'il n'y a plus rien que de transitoire dans tout ordre établi, et que tous les droits acquis, de quelque nature qu'ils soient, peuvent être remis chaque jour en question.

C'est *la liberté illimitée* de la presse périodique, c'est-à-dire le droit reconnu à chaque citoyen de soulever le peuple contre le gouvernement existant, en lui mettant sans cesse sous les yeux et les prétendus abus de ce gouvernement, et les prétendus avantages d'un autre ordre de choses qu'on l'excite à établir.

C'est la liberté *des clubs et des associations politiques,* c'est-à-dire le droit de diviser les citoyens en une multitude de factions, et pour ainsi dire de nations rivales prêtes à se précipiter les unes sur les autres pour s'arracher le pouvoir.

C'est *l'indépendance religieuse,* c'est-à-dire le renversement de l'admirable transaction conçue par Bossuet, et le renouvellement des querelles du moyen âge sur les limites des deux pouvoirs.

C'est enfin *la suppression des droits de propriété et d'hérédité,* c'est-à-dire la spoliation générale des propriétaires, le massacre des plus riches, la dissolution des familles, l'isolement de tous les citoyens, la paresse, l'incurie, l'ignorance substituées à l'activité, à l'économie, à la persévérance, à toutes les vertus que fait naître le désir de procurer à ses enfans une existence honorable.

Comment concevoir une société possible avec de pareilles institutions? Dans un tel état de choses, où est la place pour l'industrie, pour les arts, pour la justice, pour le pouvoir, pour la religion? Il n'y en a plus que pour la force. Et voilà ce que l'on appelle la société par excellence, la société de la nature et de la vérité, la société des progrès! C'est l'enfer même transporté sur la terre.

La révolution de juillet', encore pure de tout excès, n'a détruit que ce qui était destiné à périr, que ce qui n'avait pas en soi de germe de durée. Elle a renversé la loi d'élections de 1817; elle a mis à nu les abus *irréprimables* de la presse périodique, et le néant des théories républicaines; elle a fait sentir à chacun la nécessité du pouvoir; elle a rendu encore une fois à la royauté le sol de la patrie déblayé de toute entrave. C'est maintenant à la royauté à bâtir sur ce sol un édifice durable.

Si nous ne voulions que la liberté, combien cette tâche serait facile à remplir! Mais nous voulons l'égalité, *et l'égalité n'est pas chose possible.*

Comment ne sentons-nous pas que cette égalité, objet d'une si âpre poursuite, fût-elle même établie par la loi, n'en serait pas moins chimérique; et qu'après quelques années, les familles patriciennes, un instant confondues dans la foule, auraient déjà reconquis leur ancienne prééminence? Quoi que nous fassions, nous ne pourrons jamais leur ôter l'éclat qu'elles ont reçu du temps. Empêcherons-nous qu'elles ne soient mêlées à toute notre histoire, greffées sur tous nos souvenirs de patrie, et que leurs noms portés à notre oreille, ne nous rappellent aussitôt les grandeurs et les revers de la France? Amassez millions sur millions, élevez de somptueux palais, étonnez Paris de votre faste, soyez membre ou directeur du grand comité électoral, soyez député, ministre d'Etat, ministre à portefeuille; enivrez-vous de votre popularité, et vous ne serez encore rien devant nos noms historiques; à moins que par d'éclatans services et des talens extraordinaires, vous ne fondiez vous-même un nouveau nom, comme autrefois les Colbert, les Louvois, les Catinat; et comme, de nos jours, les Ney, les Oudinot, les Lannes, les de Serre et les Macdonald.

Dans la hiérarchie sociale à établir, il ne s'agit

pas de l'intérêt de quelques familles, il s'agit de l'intérêt de l'ordre. Il faut que la bourgeoisie choisisse entre admettre certaines supériorités politiques, ou renoncer à ses propriétés; car les priviléges politiques ne sont pas moins nécessaires au maintien de tout mode quelconque de gouvernement, que le droit de propriété ne l'est au maintien de la société. Si la bourgeoisie ne veut plus de priviléges qui blessent sa vanité, croit-elle le peuple assez stupide pour respecter long-temps des droits de propriété et d'hérédité, qui, divisant la nation en riches et en pauvres, mettent du côté des bourgeois le repos et les jouissances, et du côté du peuple le travail et les privations? Que faut-il pour abolir cette dernière inégalité? Ce qu'il a fallu pour abolir l'inégalité des rangs...... *la force!*

Jusqu'à présent nous ne sommes encore séparés que par des opinions; aucun sang versé n'a créé le besoin du sang. L'honneur français est resté pur dans tous les partis. Chacun peut voir encore un frère sous la bannière opposée. Ne veuillons plus qu'être libres, nous le serons bientôt plusqu'aucun peuple de la terre.

La France d'avant la révolution de juillet, cette France si riche et si prospère, existe encore en son entier. Rien n'a péri, ni choses, ni hommes. D'où vient donc sa misère actuelle? De ce que la confiance a disparu avec la légitimité.

Que la légitimité renaisse, et tout renaît avec elle. Chacun croit de nouveau à ses droits, à son rang, à ses propriétés, à son industrie. La vie sociale, un instant suspendue, reprend son mouvement; et cette immense prospérité, fruit de la sécurité de tous, cette prospérité que nous avons si follement prodiguée, redevient notre partage.

Français, croyez aux royalistes, *ils ne jouent pas la comédie;* ce qu'ils jugent possible ou impossible, ils vous le disent avec la même franchise.

Autant que vous ils veulent la liberté; autant que vous ils veulent l'égalité, mais seulement cette égalité compatible avec le bon ordre, et qui consiste dans l'aptitude de tous les citoyens à tous les emplois et à toutes les dignités.

Toutes les prétentions raisonnables doivent trouver place dans la nouvelle Charte, c'est-à-dire toutes celles qui sont de nature à sympathiser avec la royauté; car, pour que la liberté n'ait rien à craindre de la royauté, il faut que la royauté n'ait rien à craindre de la liberté.

Alors, au doute affreux qui s'est emparé des esprits, succéderont *des principes certains.* On saura positivement ce qui appartient au prince et ce qui appartient à la nation. On n'ira plus chercher *dans la nature* les droits des citoyens. Ces droits seront établis *par la loi* dans le plus grand intérêt de tous; et la société, ainsi définie et constituée, ne laissera plus de prise aux divagations des novateurs, et justifiera, par ses heureux résultats, la sagesse des principes qu'elle aura pris pour base de son organisation.

FIN.

TABLEAU SYNOPTIQUE

PROVINCES ADMINISTRÉES; SAVOIR:

	2º.
nt nommé	Par *une Assemblée provinciale*, dont les membres seront nommés *par tiers*, par chacun des trois Collèges électoraux du département, et qui est présidée *héréditairement* par un Pair de France.

ÉPARTEMENS ADMINISTRÉS; SAVOIR:

	2º.	3º.
Intendant, sur une présentée blée pro-	Par *un Conseil général de département*, dont les membres sont nommés *par tiers*, par chacun des trois Collèges électoraux du département, et qui est présidé *non héréditairement* par un Pair de France.	Par *un grand Jury départemental*, dont les membres sont nommés *par tiers*, par chacun des trois Collèges électoraux du département, et qui est présidé *non héréditairement* par un Pair de France. Ce jury est chargé de la surveillance de la presse périodique, de la police des théâtres, et du maintien de la liberté d'enseignement et de la liberté d'association.

OU ARRONDISSEMENS ADMINISTRÉS; SAVOIR:

	2º.
n *Paix et* més par e de can- Roi par u dépar-	Par *un Conseil de canton* nommé par les membres des Conseils municipaux des communes composant le canton.

OMMUNES ADMINISTRÉES; SAVOIR:

	2º.
ses Ad- r le Roi du Con-	Par *un Conseil municipal* nommé par tous les habitans de la commune, âgés de vingt-un ans, et inscrits au rôle des contributions directes.

TABLEAU SYNOPTIQUE DE LA NOUVELLE CHARTE.

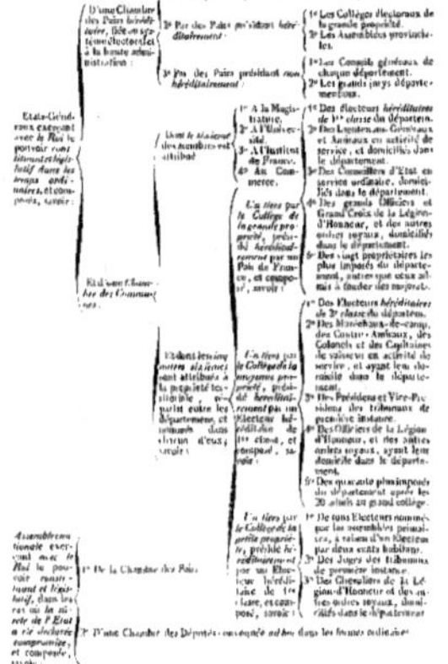

TABLEAU SYNOPTIQUE
DE L'ADMINISTRATION GÉNÉRALE DU ROYAUME.

TABLEAU SYNOPTIQUE
DE L'ADMINISTRATION GÉNÉRALE DU ROYAUME.

PROVINCES ADMINISTRÉES; SAVOIR:

1°. Par un Intendant nommé par le Roi.

2°. Par une *Assemblée provinciale*, dont les membres seront nommés par tiers, par chacun des trois Collèges électoraux du département, et qui est présidée héréditairement par un Pair de France.

DÉPARTEMENS ADMINISTRÉS; SAVOIR:

1°. Par un *Sous-Intendant* nommé par le Roi, sur une liste de candidats présentée au Roi par l'Assemblée provinciale.

2°. Par un *Conseil général de département*, dont les membres sont nommés *par tiers*, par chacun des trois Collèges électoraux du département, et qui est présidé non *héréditairement* par un Pair de France.

3°. Par un *grand Jury départemental*, dont les membres sont nommés *par tiers*, chacun des trois Collèges électoraux du département, et qui est présidé non héréditairement par un Pair de France. Ce jury est chargé de la surveillance de la presse périodique, de la police des théâtres, et du maintien de la liberté d'enseignement et de la liberté d'association.

CANTONS OU ARRONDISSEMENS ADMINISTRÉS; SAVOIR:

1°. Par un *Juge de Paix* et ses assesseurs, nommés par le Roi, sur une liste de candidats présentée au Roi par le Conseil général du département.

2°. Par un *Conseil de canton* nommé par les membres des Conseils municipaux des communes composant le canton.

COMMUNES ADMINISTRÉES; SAVOIR:

1°. Par un *Maire* et ses Adjoints, nommés par le Roi parmi les membres du Conseil municipal.

2°. Par un *Conseil municipal* nommé par tous les habitants de la commune, âgés de vingt-un ans, et inscrits au rôle des contributions directes.

www.ingramcontent.com/pod-product-compliance
Lightning Source LLC
LaVergne TN
LVHW020609180726
843502LV00002B/424